JN437543

기쁨의 삶

김성갑 선교사의 인생

애나 벨 라프바움 지음 | 김연범 옮김

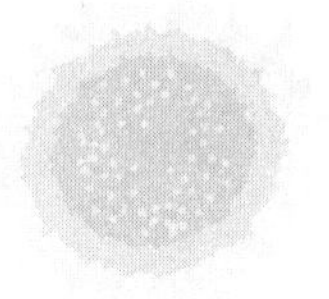

이글을

그녀의 영어 이름 그레이스 (은혜)라는 의미 그대로

하나님께,

그녀의 남편과 가족에게,

그리고 이 책 속에 나오는 중요한 사람들에게

헌신을 다한

고 김성갑 목사의 아내 임향숙 목사에게 바칩니다

기쁨의 삶

Contents

목차

애나 벨 라프바움 (Anna Belle Laughbaum, Ph.D.)

미국 베다니 (오클라호마) (Bethany, Oklahoma) 에 위치한 미 남부 나사렛대학교 (Southern Nazarene University)에서 영어과 교수 역임. 시애틀 태평양 대학 (Seattle Pacific University), 한국 나사렛 신학 대학교, 유럽 나사렛 신학 대학교에서도 영어 교수로 역임하였다. 또한 저자는 기독교 저널에 여러 편의 글을 발표하였으며, 『포도나무 가지와 한국』, 『언제나 주님의 은혜를 기억하리』 두 권의 NWMS책*을 저술하였다.

* NWMS Nazarene World Mission Society, 현재는 Nazarene Mission International라는 이름으로 바뀌었음.

역자 김연범은

지난 2004년부터 아시아 태평양 지구 선교사, 아시아 태평양 나사렛 신학 대학원 영어과 교수 (APNTS)로 사역하고 있다. 필리핀 소재 선교사 자녀를 위한 국제 학교 페이스 아카데미에서 영어 교사로 사역한 그녀는 성신여대 중문과와 아시아 태평양 나사렛 신학 대학원에서 기독교 교육과를 졸업했으며 현재 필리핀 아테네오 대학에서 영어 영문학 박사 과정 중에 있다. 98년 현재 APNTS의 권동환 교수와 결혼해 슬하에 자녀 이현, 민기, 민재를 두고 있다.

서문

『기쁨의 삶』은 죽음의 계곡을 걸어가며 끝까지 싸워 이긴 한 한국의 젊은선교사에 관한 이야기이다.

이 글은 또한 이 젊은 선교사의 초창기 사역에 영향을 미친 세 나라의 아주 다른 문화에 관한 이야기를 다루고 있으며 좋은 결과들을 맺은 문화 교류의 경험들에 관한 이야기를 적고 있다. 그리고 무엇보다도 이 책은 한 젊은이의 삶을 흔들어 놓은 구제 사역에 관한 것이기도 하다.

내가 김성갑 (내겐 스데반이라는 이름이 더 익숙하다)을 처음 알게 된 것은 천안에 있는 한국 나사렛 신학 대학에서 가르칠 당시였던 1982년이었다. 김성갑 목사는 내가 가르치는 학생 중 한 명이었으며, 학보 편집장이었고, 총학생 회장이었다.

내가 1983년 미국으로 돌아간 후부터 그가 세상을 뜬 1991년까지 우리는 계속 연락을 주고 받으며 지냈다. 나는 김 목사에게 그의 삶을 전기로 써보려고 한다고 연락했지만 그는 한동안 답이 없었다. 그리고 한참이 지난 어느 날 드디어 그의 답장을 받았다.

그는 자신에 대한 책을 출판할 만한 '자격을 갖추지 못했다'고 느꼈지만 그래도 하나님께 기도를 드렸다고 했다. 그리고 며칠 후 응답을 받았다고 했다. 그는 이렇게 적었다. "할렐루야! 하나님의 놀라우신 계획이심을 알았습니다!"

그는 계속해서 "아마 사람들이 저의 전기가 씌어 진다는 걸 알면 모두 비웃으면서 말 할겁니다. '이봐, 자네 지금 몇 살인가? 자네같이 젊은 사람이 무슨 전기를 쓴다고 그래? 그럼 저는 이렇게 밖에 대답할 수 없겠죠. '저는 지금까지 이 땅에서 그렇게 오래 살지는 못했지만 그래도 하나님께서 저에게 앞으로 오래 오래, 아주 오랫동안 살 수 있게 해 주실 것입니다.' "

그는 또 계속해서 적었다. "제가 이 책을 통해 바라는 것은 단 한가지입니다.

이 책을 읽는 모든 사람들이 하나님께서 저의 삶을 통해 그의 거룩하신 목적을 이루신다는 것을 생생하게 보고 느낄 수 있기를 바랍니다. 하나님께서는 제가 '무명한 자 같으나 유명한 자요 죽은 자 같으나 보라 우리가 살아 있고 징계를 받는 자 같으나 죽임을 당하지 아니하고 근심하는 자 같으나 항상 기뻐하고 가난한 자 같으나 많은 사람을 부요하게 하고 아무 것도 없는 자 같으나 모든 것을 가진 자'가 될 것이라고 약속하셨습니다." (고후 6:9-10)

나는 그 답장을 읽고 울고 또 웃었다. 김 목사가 그의 삶에 대해 내게 말해준 것이 너무 놀랍고도 기뻤다. 그는 나를 언제나 '엄마'라고 불렀다. 그는 이렇게 말했다. "지금까지 선생님을 'Ma'am"(맴, 영어에서 여성을 존칭하는 호칭)이라고 불러왔습니다. 하지만 지금부터는 'Mom'(맘, 엄마)라고 부르겠습니다. 선생님께서 아마 필리핀에 계셨다면, 모든 사람들이 존경하는 의미로 '맘'* 이라고 불렀을 거에요." "선생님, 선생님께는 제 자신의 모습을 그대로 보여 드려야 할 것 같아요." 김 목사는 자신에 대해 이야기할 때마다 이렇게 말했다. 그가 말하는 "그대로 보여준다"는 것은 솔직하고 아무것도 숨기는 것이 없어야 한다는 뜻이었다. "모든 것을 있는 그대로 쏟아 내고 싶습니다. 아무것도 과장하고 싶지 않습니다. 제 자신의 단점도 다 솔직하게 말하고 싶습니다." 그는 자신의 "부끄러운" 모습들도 내가 알기를 원했다. 그가 말한 "부끄럽다"는 말은 대부분 "민망하다"라는 뜻이었고 때로는 그야말로 "수치스

* 영어의 기혼 여성에 대한 존칭인 Ma' am은 필리핀에서 흔히 쓰이는 호칭이며, 모음 a가 'ㅐ' 가 아닌 'ㅏ' 로 발음 되기 때문에 '맴' 이 '맘' 으로 들려서 '엄마' 라고 부르는 것처럼 들린다는 의미이다.

럽다"라는 뜻이기도 했다. "진실을 말씀 드려야겠죠", 그의 이야기들 중 한 두 가지는 이렇게 시작이 되었다.

난 그가 정말로 진실을 말했다고 믿는다. 김성갑 목사가 자신과 가족, 대학원 공부, 사역에 대해 언제나 쉽게 이야기를 꺼내 놓는 것은 아니었다.

그는 이야기를 해 나가는 과정 중에 자신의 모습이 모범적인 학생, 모범적인 남편, 모범적인 사역자와는 얼마나 거리가 먼 지를 느끼게 되었다고 말했다.

그는 계속해서 이렇게 말했다. "솔직하게 고백 드리겠습니다. 제 자신의 삶에 대해 이야기 하는 것을 몇 번이나 멈추고 싶었는지 모르겠어요. 자서전이 쓰여질 만한 사람이라면 남들에게 귀감이 될 만하고 훌륭한 그리스도인의 삶을 살아 온 사람이어야 한다고 생각했어요, 모든 분야에서 말이에요. 저는 제 자신의 부족함 때문에 고통스럽습니다. 저는 아무리 생각해봐도 그다지 훌륭한 모델이 아니에요. 하지만 제가 이 일을 멈추고 싶었을 때마다, 멈추지 말고 계속하라고 용기를 주신 분은 바로 하나님이십니다."

이 『기쁨의 삶』은 여러 가지 중요한 의미에서 볼 때 자서전이라고 할 수 있다. 김 목사는 여러 가지 이야기들 중에서도 자신의 삶에서 가장 의미 있는 몇 가지들은 흉금 없이 더 말해 주었다. 그의 이야기 중에는 나누고 있는 이야기와는 별로 관계가 없는 주제들이 있기도 했다. 하지만 그래도 분명히 자신의 삶과 자신의 생각과 관계가 있는 이야기들이었다. 그래서 그런 그의 이야기들을 정리해서 적는 것은 내 몫이었다.

이 책의 대부분에 나는 김성갑 목사와 그의 아내 임향숙 선교사가 썼던 단어들을 그대로 사용하였다.

그들이 말하고자 하는 것들을 왜곡하거나 내 맘대로 바꾸고 싶지 않았기 때문이다. "선생님, 제 영어가 부족한 거 잘 아시지요." 김 목사는 늘 이렇게 말하곤 했다. 이 책을 위한 김 목사의 기도는 이러했다. '모든 독자들이 하나님께서 믿는 자의 삶에 어떻게 역사하시는지를 보게 하소서' 그리고 나의 기도는 이러하다. '그의 기도가 응답 받게 하소서! 역경을 앞에 두고 도전하고 승리한 고 김성갑 목사의 영혼이, 삶과 봉사를 사랑한 그의 영혼이 이 책을 읽는 모든 독자들에게 감동과 도전이 되기를….

-애나 벨 라프바움-

감사의 글

나는 김성갑 목사의 여러 친구들에게 빚이 있다. 그들은 김 목사에 대해 글을 써 준 친구들이다. 전 아시아 태평양 나사렛 신학대학원(APNTS) 교무 처장이었고 중미 나사렛대학 신학과 교수인 짐 에들린(Jim Edlin) 박사, 전 APNTS 학장이었고 마운트 버논 나사렛대학의 총장인 레브론 페어뱅크스(LeBron Fairbanks) 박사, 한국에서 선교사로 있으며 한국 나사렛 대학에서 가르치는 마동진 (Tim Mercer) 목사, 중앙 감독이며 전 주한 선교사였으며 아시아 태평양 지구 조정관이었고 또 APNTS 학장을 지낸 오 은수 (Donald Owens) 박사, 전 한국 나사렛 대학 총장을 지낸 백위열 (William Patch) 박사와 영어 교수인 그의 아내 백경희 (Gail Patch), 미 북서 나사렛대학의 명예 총장이며 전 한국 나사렛 대학의 임시 총장을 맡았던 케네스 피어설 (Kenneth Pearsall) 박사, 아.태 지구 조정관인 조지 렌치 (George Rench) 박사, 세계 선교 잡지 편집장이며 전 APNTS와 한국 나사렛 대학에서 신학 교수를 지낸 로이 스털츠 (Roy Stults)박사에게 감사의 글을 전한다.

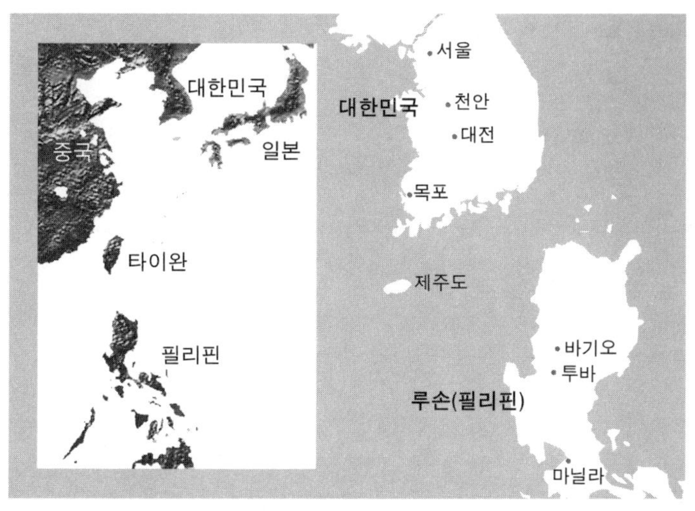

1. 김성갑 목사의 소개

오은수 (도날드 오웬스) 박사는 김성갑 목사에 대해 이렇게 찬사를 보냈다.

"미국과 필리핀 친구들에게는 스데반 김으로 알려진 김 성갑 목사에 대해서 어떤 글을 쓰던 간에 빠뜨릴 수 없는 한가지 사실은, 그의 삶은 용기와 기쁨의 삶이었다는 것이다. 김 목사는 한반도의 남해안에 위치한 항구도시인 목포의 한 가난한 목사의 가정에서 태어났다.

집안의 가난과 교회의 건축공사로 한참 힘이 들었던 이 시기에 태어난 그에게는 한 가지 슬픔이 더 있었다. 소아마비로 다리를 절게 되었던 것이다. 내가 그를 처음 만나고 목포의 그의 집을 방문했을 때였다. 그는 그 동안 열심히 공부해 온 영어를 연습하기 위해 낯선 선교사에게 한치의 두려움도 없이 말을 걸어 왔고 그것이 내겐 참 인상적이었다.

목사이신 김성갑 목사의 아버지는 고난으로 가득 찬 아들이 하나님을 위해 일 할 수 있는 길이 열릴 수 있도록 도와달라고 눈물을 흘리며 선교사들에게 간절히 부탁했다.

나는 김성갑 목사에게서 자신의 삶을 예수님을 찬양하고 섬기는 데 바치겠다는 번뜩이는 용기와 결심을 보았다. 그는 영어라는 언어를 정복함으로 자신에게 예수님을 섬길 수 있는 기회의 문이 열릴 것이라는 것을 알았다. 그는 모든 열정과 열심을 다해 기쁨으로 노력했다. 그는 아무것도 불가능한 것이 없다고 믿을 뿐이었다.

김 목사는 나사렛 대학 재학 시에도 우수한 학업 성적을 유지했고 그의 기쁨과 용기 그리고 믿음은 학교의 영적 성장에도 큰 공헌을 했다. 그는 또한 나사렛 대학에서 2년 동안 훌륭하게 가르치고 있었던 애나 벨 라프바움 박사의 특별한 호감을 사게 되었다. 라프바움 박사와 김성갑, 그리고 그의 아내 임향숙과의 이 특별한 관계는 라프바움 박사가 나사렛 대학에서의 사역을 마친 후에도 계속 되었다.

그가 필리핀에 있는 아시아 태평양 나사렛 신학 대학원 (APNTS)에서 공부할 때에도 그의 장점인 용기와 기쁨, 그리고 최고를 추구하겠다는 결심은 변함이 없었다. 그의 전인적이고도 훌륭한 자세는 교내에 기쁨의 분위기를 조성하게 되었다. 그런 그에게 또 다른 고난의 손길이 뻗치게 되었는데 그것은 뇌종양이라는 병과 싸워야 하는 것이었다.

그의 그런 경험을 통하여 선하시고 은혜로우신 하나님은 김 목사를 도우셨고 필리핀 바기오에 있는 한 나사렛교회에서의 사역에도 역사하셨다. 하나님께서는 또 그들에게 아름다운 자녀들도 선물로 주셨다. 필리핀을 강타한 지진이 바기오를 황폐하게 파괴시켰을 때에도, 김 목사는 한국 선교사들과 가까운 지인들에게 연락을 해서 이 무너진 도시를 도울 수 있는 길을 마련하는 데에도 최선을 다했다. 숭고함, 용기, 그리고 넘치는 기쁨, 그것이 김성갑 목사의 인생이었다.

김성갑 목사와 애나 벨 라프비움

2. 가족 소개

선생님, 먼저 제 자신에 대해 이야기하고 나서 가족들을 소개할께요.

저는 아버지가 한 시골 교회에서 사역하고 계실 때 목포에 있는 삼촌 집에서 태어났어요. 삼촌은 그때 집에서 식당을 하고 계셨죠. 저는 삼남으로 태어났는데 집안의 장녀인 큰 누나까지 치면 넷째로 태어난 셈이죠. 지금은 변하고 있지만 그

때만 해도 아들만 자녀 수에 넣었거든요.

세 살이 될 때까지 저는 정상적인 아이로 자랐어요. 부모님과 다른 어른들의 사랑을 독차지하고 있었죠. 인물도 훤하고 똑똑한 아이였다고 합니다. 그런데 어느 날 저의 두 다리가 마비되었어요. 저는 더 이상 걸을 수도 설 수도 그리고 앉을 수도 없게 되었어요. 부모님은 저를 데리고 병원에 가셨어요. 그러나 의사도 저에게 희망을 주진 못했어요. 부모님은 저를 낫게 해 주시기 위해 치료 비용을 많이 쓰셨어요. 제 아버지의 재정 형편은 정말 바닥이 났었죠. 어머니가 저를 늘 안고 다니셨던 게 아직도 기억이 나요. 어머니는 저를 안고 교회에 가셔서 하염없이 우시곤 하셨죠. 어머니의 눈물은 제 뺨 위로 흘렀고 저도 함께 울었죠. 한번은 어머니가 저를 침을 놓는 한의원에 데려가셨어요. 부모님은 여러 가지 방법을 써 보셨지만 저는 여전히 두 다리를 쓸 수가 없었어요.

그렇게 2년이 지난 어느 날 아침, 아버지가 기도원에서 내려오시더니 말씀하셨어요. “아들아, 내가 너를 위해 기도해 주겠다.” 아버지와 어머니 두 분 다 저를 잡으셨어요. 아버지는 저의 머리와 다리 위에 손을 얹으셨어요. 그리고 눈물을 흘리시면서 기도하셨어요. “주님, 이 아이를 걷게 해 주세요!”

그 순간, 갑자기 저는 전혀 움직일 수 없었던 두 다리를 쭉 뻗을 수 있게 되었어요. 앉을 수도 있고 설 수도 있고 걸을 수도 있게 되었어요. 하나님께서 정말로 저를 치료해 주셨어요! 오른쪽 다리는 좀 절룩거렸지만 그래도 다시 걸을 수 있게 되었어요. 하나님께서 우리 부모님의 기도를 들어 주셨어요.

목포

제가 처음 고침받은 것은 육체적 치료였죠. 저의 두 번째 고침 받은 것은 영적 치료였습니다. 1980년 2월 23일이었어요.

아버지가 목사이셨기에 어쩔 수 없이 목회자의 아들로 태어나게 되었지만 제 개인적으로 예수님을 구주로 영접한 적이 없었기에 영적으로 많이 힘들었죠. 그래도 교회에서는 열심히 봉사했죠. 그것이 제가 해야 할 의무라고 생각했기 때문이었어요. 그러나 제가 교회에서 한 활동들은 모두가 의무감에서였죠. 계속 그런 환경 속에서 자라왔으니까요. 하지만 제 속에선 늘 이렇게 생각했어요. "내가 왜 이런 일을 해야 하지? 도대체 왜 해야 하는 것일까?" 저의 마음속에는 평화가 없었어요.

그래서 7일 동안 금식하면서 기도했어요. 금식 마지막 날이었어요. 저에게 두 번째 고치심의 기적이 일어났어요. 처음의 기적과는 비교할 수도 없었어요. 훨씬 큰 기쁨이었죠. 우리의 육체는 영원하지 않지만 우리의 영적인 삶은 영원하잖아요. 저는 주님을 저의 구주로 영접했어요. 저의 삶은 변화했어요. 예수님을 만나기 전에는 이기적이었어요. 저를 먼저 생각했었죠. 그러나 하나님은 저의 삶을 완전하게 바꾸어 놓으셨어요. 지금 저는 하나님 중심이고 타인 중심이 되었어요.

그 한 예로, 제가 APNTS에서 공부했을 때의 일이에요. 그때 저희는 정말로 경제적으로 힘들었어요. 제 병원비 때문에 어떨 때는 주머니 속에 남는 건 지프니를 겨우 탈 수 있는 동전 몇 개가 다였죠. 어느 날 보니 쌀과 식료품을 살 비용으로 겨우 500 페소 (당시 약 25불)가 남았더라구요. 그 날 저녁, 우린 영양 부족으로 고통 받는 한 필리핀 학우를 보았어요. 그는 기껏해야 하루에 한 끼를 먹을 수 있었어요. 그런데 주님께서는 우리에게 그 남은 500페소를 그에게 주라는 영감을 주셨어요. 그래서 기도를 드린 후에 그에게 그 돈을 전부 주었죠. 만약 하나님께서 나의 이기심을 변화시키시기 전이었다면 절대로 그런 일은 상상도 못했을 거예요. 선생님, 그 다음 어떤 일이 일어났는지 아세요? 그 돈을 주고 얼마 후에 하나님께서는 어떤 도움의 손길을 통하여 우리에게 쌀을 주셨어요!

집사람의 부모님께서도 우리에게 큰 변화를 느끼셨어요. 둘째 바울이(본명 정현)가 태어났을 때 우리가 사역하던 바기오로 오셨었죠. 부모님들은 왜 우리가 돈이나 재산에는 관심도 없으면서도 마음속에 평화가 있으며 아무것도 가진 것이 없다는 사실에 만족하고 사는 지 이해하시지 못하셨죠. 바기오에 와 계시는 내내 아내와 저에게 우리의 미래를 위해 걱정하고 준비해야 한다고 말씀하시면서 말이에요. 우리는 부모님께 이렇게 말씀 드렸어요. "우리의 미래에 있을 모든 것들은 다 하나님 손에 있어요. 그리고 그 분께서 다 마련해 주실 거예요. 저희는 하나님 중심으로 살고 싶어요." 그 후에 장모님께서는 우리와 함께 머무르시면서 가정 예배와 기도를 통해서 예수님을 영접하셨어요. 장모님은 우리의 삶 속에서 하나님을 보실 수 있었던 거예요.

어렸을 때 저에게 세가지 소원이 있었어요. 첫 번째 소원은 초등학교 다닐 때였는데 친구들과 함께 학교 소풍을 따라가보는 것이었어요. 우리 학교에서는 여름하고 가을에 한번씩 소풍을 다녀왔거든요.

6학년이 될 때까지 한번도 반 친구들과 함께 어울리며 소풍에 참가할 수 없었죠. 소풍을 갈 수 있는 친구들이 너무 부러웠어요. 함께 갈 수 있다면 얼마나 행복할까 생각했어요. 저의 두 번째 소원은 자전거를 타는 거였어요. 선생님도 기억나시죠? 나사렛대학에 다닐 때 한번 탄 적이 있잖아요. 그리고 저의 세 번째 소원은 헬리콥터를 타 보는 거였어요. 1990년에 필리핀에서 지진이 일어났을 때 이 소원을 이루게 되었어요. 클락 공군기지에 주둔하던 미군들이 바기오에서 마닐라로 사람들을 운송하는 과정에서 헬리콥터를 이용했고 저도 그들 중에 하나였거든요. 아주 큰 헬리콥터였어요!

물론, 제 삶 속에서 더 중요한 다른 소원들이 있었어요.

그리고 하나님께서는 그 소원들을 이루어 주셨어요. 그 중에 하나는 제가 나사렛대학에서 공부할 수 있었던 것이에요. 주님은 여러 가지를 예비해 두셨고 좋은 일들이 많이 생기게 해 주셨어요. 그 중에 한 가지를 말씀 드리기 전에 선생님께 솔직히 고백할 게 있어요. 사실 저는 제 진짜 나이에 3살을 더해서 말씀 드렸어요. 제 한국 친구들도 제가 31살인 줄 알고 있지만 사실은 28살 이예요. 그 이유를 말씀드릴께요. 한국 문화에서는 나이가 무척이나 중요하거든요. 사람들은 더 많은 대우를 받기 위해 자기 나이를 올리고 싶어해요. 서로에게 자신을 소개할 때 가장 먼저 알고 싶어하는 것도 나이고요. 그래서 우리 나라에서는 여성에게 나이를 물어 보는 것이 실례가 아니지요. 나이를 알아야 그 여성의 나이에 맞는 적당한 대우를 할 수가 있거든요.

불행히도 저는 나사렛대학에 들어가면서부터 제 실제 나이를 잃어 버렸어요. 제 아내와 처음 데이트를 시작할 때였어요. 그녀는 그 때 22살이었죠. 저는 겨우 19살 이었요. 그래서 저는 제 나이에 세 살을 더하게 되었어요. 지금 제 주민등록상 나이는 28살이지만 저의 영적 나이는 몇 살 인줄 아세요? 하나님께서 저를 영적으로 훨씬 성숙하게 하셨기에 저는 이

제 세상의 나이 따위에는 더 이상 묶이지 않게 되었어요.

자, 이제 저의 가족에 대해 이야기 할께요. 먼저 우리 할머니에 대해서요. 할머니는 정말 아름다운 신앙인이었죠. 할머니에게는 아들 셋하고 딸이 둘 있었어요. 그 중에 한 딸은 먼저 세상을 떠났어요. 우리 아버지는 그 중 가운데 아들이고요. 할머니는 나이 드신 후로는 우리 아버지와 함께 사셨어요. 그래서 대학 시절, 늘 방학이 되면 집에 내려가서 할머니를 뵐 수 있었지요. 할머니는 저를 볼 때마다 같이 교회에 가서 강대상 앞에 나가 기도하자고 하셨어요. 그곳에서 저를 위해서 기도해주셨지요. 어느 날 한번은 기도가 끝나신 후, 저를 가만히 쳐다 보셨어요. 할머니는 눈이 뚫어져라 제 얼굴을 쳐다보고 있었어요. 그리고 나서 "성갑아, 너에게서 성령을 볼 수가 없구나. 뜨거운 불길을 볼 수가 없어." 할머니에게 "불"은 하나님의 영을 뜻하는 거였어요. 저는 무척 당황했죠. 그 다음 방학에 집에 돌아갈 때는 할머니를 위해 사탕을 좀 사가지고 갔어요. 할머니는 사탕을 무척 좋아하셨거든요. 그래서 몇 봉지를 샀어요. 제 얼굴에도 성령의 불이 보인다는 할머니의 말씀을 듣고 싶었거든요. 사탕을 할머니께 드리니까 아주 좋아하셨어요. 기도가 끝나자 다시 말씀하셨어요. "성갑아, 사탕 고맙구나. 내 생각을 정말 많이 해주는구나. 하지만 네 얼굴에는 여전히 성령의 불길이 보이지가 않아." 이번에도 저는 무척이나 당황스러웠었어요.

할머니는 매일 아주 이른 새벽에 교회에 기도를 하러 가셨어요. 한국에서는 보통 교회마다 4시 30분이면 새벽 기도모임이 있거든요. 할머니는 새벽기도에서 자그마치 23명이나 되는 손주와 증손주들 한 명 한 명을 위해 기도하셨어요. 또 할머니는 교회 근처에 사시는 노인들을 교회로 부르시곤 하셨어요. 사람들이 모이면 할머니는 설교를 시작하셨지요. "예수를 믿으시오. 이것이 유일한 길이요. 이것이 우리 노인들이 붙잡아야 할 유일한 희망입니다." 할머니의 성경책에는 어느 한 곳도 비어있는 공간이 없었어요. 성령 충만하실 때마다 이곳 저곳에 적어 놓은 글들로 꽉 차있었지요. 성경 구절도 아주 많이 외우고 계셨고요. 저는 아직도 할머니의 그 성경책을 가지고 있어요. 그 성경책을 볼 때마다 할머니가 생각이 나요.

할머니는 찬송도 참 좋아하셨어요. 할머님이 젊으셨을 때는 교회에서 목사님께서 부르시고 싶은 찬송이 몇 번인지 모르시면 우리 할머니께 여쭈어 보셨대요. "제가 지금 부르려고 하는 찬송이 몇 번인가요?" 그러면 할머니는 언제나 몇 번 찬송가인지 알려 주셨대요. 하지만 나이가 드신 후 할머니의 찬송은 조금씩 늘어지다 못해 나중에는 남들보다 몇 박자씩 늦게 부르시게 되었어요. 귀도 어두워 지셔서 예배 시간에 찬송가 몇 절을 부르고 있는지도 잘 못 들으셔서 남들은 4절까지 다 끝났는데도 할머니는 아직도 혼자 찬송을 부르고 계시곤 했어요. 아직도 삼절을 부르고 계시는 거죠. 그러면 사람들은 할머니의 찬송이 다 끝날 때까지 기다렸고 담임 목사님이셨던 아버지도 할머니의 찬송이 끝나고 나서야 예배의 다음 순서를 계속 진행하실 수가 있었죠.

제 기억 속에 할머니는 기도하는 분, 하나님의 말씀으로 사는 분, 찬양과 예배, 그리고 전도하는 분이셨어요. 할머니의 삶은 자식들, 손주들, 증손주들에게까지 아주 커다란 영향을 미쳤어요. 할머니가 돌아가셨을 때 할머니가 천국으로 가셨다는 사실을 의심하는 사람은 아무도 없었어요. 우리 모두가 확신할 수 있었어요. 할머니는 참다운 그리스도인의 삶을 보여준 사람이었어요.

저에게는 네 명의 형제와 한 명의 누나가 있어요. 누나는 우리 모두 중의 장녀였어요. 누나(영민)는 참 미인이었지요. 제가 중학교에 다닐 때 누나가 여러모로 저를 도와주었던 일은 절대로 잊을 수가 없을 거예요. 누나는 저의 웅변술에 있어서도 참 많은 영향을 미쳤죠. 저에게 웅변대회에 참가하라고 용기를 주었어요. 처음 일곱 번 참가할 때 까지는 계속 떨어졌지요. 떨어질 때마다 저는 낙심을 하고 다시는 참가하지 않겠다고 결심했었어요. 하지만 누나는 언제나 "다시 한번 해봐."하고 용기를 주었고 여덟 번째 그리고 그 뒤로도 여러 번 입상을 했어요. 국가에서 개최한 꽤 큰 대회들에 나가서도 여러 번 상을 탔어요. 제 큰 형 엘리사 (김병갑 목사)는 서울에서 목회를 하고 계세요. 큰 형도 제겐 아주 큰 영향을 준 사람이에요. 큰 형에 대해서 시 한 수를 지어 보았어요.

시골뜨기

그는 분명치 않은 어설픈 발음을 하고
개고기를 좋아하는
이상한 사람 그는 밤 열한시 반에
기도 편지를 쓴다
주님의 피 묻은 손을 붙잡고
사랑하는 동생 스데반에게

그의 기도를 통한 수많은 기적들을
나는 경험했다
그가 하나님의 손을 움직이는 것에 대해
아직도 내 자신에게 묻는다

그가 사는 곳은
서울의 한 모퉁이 가락동
난 바기오의 산마을에 살고
그의 동생을 향한 진실한 사랑 때문에
그의 기도는 먼 거리를 뛰어 넘는다

그의 편지는 나를 권고 하네
내가 준비되어야 한다고
내 자신을 포기해야 한다고
사역을 잘 감당하기 위해
그것이 핵심이 아니라고
내가 그를 비웃지만
나는 깊은 감명을 받는다

전능하신 하나님의 능력의 종
하나님 말씀에 날카롭고

성경을 수없이 외우며
내가 사랑하는 자 스데반!
그를 위해 눈물로 부르짖으며
하나님의 보좌를 움직이네

그의 기도를 통해 치유 된다
쉬고 싶고, 게을러지면
스데반 안 된다, 하나님이 너를 고치셨다
기도 때문에
너의 무릎의 제단을 지키라
그로부터 내려진 뼈아픈 명령

그렇다
내일부터 심방은 시작 된다
성경공부를 다시 시작 한다
자원하여 내 자신을 다 드리리
주의 나라를 위해
그래 동생이여
찬양을 드리라
이 시골뜨기의 마음
그를 사랑하고 부여안는다

제 바로 밑에 남동생인 온갑이에겐 아들 정만이가 있어요. 그리고 막내 남동생 기갑이에게는 아들 정무가 있지요. 자랄 때 기갑이는 항상 솔직한 편이었어요. 우리 가족은 한 달에 한번씩 가족 회의를 열었는데 부모님도 참석하셨지요. 사회는 큰 형이 맡았고요. 우린 그 모임에서 서로가 경험한 것들을 나누었어요. 막내인 기갑이는 항상 불평을 했어요. "도대체 왜 모두들 나한테만 심부름을 시켜요? 내가 무슨 식구들 종이에요? 이젠 진짜 지겹다구요!" 하지만 막내 기갑이는 지금은 완전히 다른 사람이 되었어요. 먼저 나서서 돕는 동생이에요. 지금은 몸집도 우리 형제 중에 제일 크지요.

저는 형수님들과 제수씨들과 아주 가까운 관계를 갖고 있어요. 특히나 제 고민을 잘 들어주시고 함께 기도해주시는 두 형수님들과 아주 친해요.

선생님, 이제 형제들의 자녀들에 대해서 이야기 할께요. 큰 형은 딸 하나에 아들 하나를 두었지요. 누나는 아들 둘에 딸 하나고요. 둘째 형은 딸만 둘이 있고 아들이 없어요. 한국에서는 아직 딸보다는 아들이 많아야 한다는 생각들이 강하거든요. 1000년의 유교역사와 500년의 불교역사의 영향이죠. 부모가 늙으면 아들이 모셔야 하기 때문이에요. 우리나라는 아직 남아 선호 사상이 강해요.

이제 아내가 자신과 집안에 대해 말할 차례에요:

저는 1959년 1월 20일에 천안에서 버스로 한 시간 정도 걸리는 조치원에서 태어났어요. 제가 다섯 살이 되었을 때 부모님은 서울로 올라가셨어요. 저는 조부모님과 함께 고향에 남았어요. 처음에는 부모님께서 서울에 정착하실 때까지만 할머니와 살기로 했었지요. 하지만, 저는 고등학교를 졸업할 때까지 할머니와 살았어요. 중학교를 마치고 서울로 가서 고등학교를 진학하려고 했지만 바로 그 때쯤 엄마가 돌아가셨어요. 엄마가 돌아가신 지 일년 후, 새어머니가 들어오셨어요. 새어머니와 함께 적응해서 살아가는 게 저에게는 정말 힘이 들었어요. 아버지는 너무나 엄하셔서 자식들을 이해하려고 하시지 않았어요. 우리 집에선 남동생이 장남의 역할을 하고 있었어요. 그런데 동생은 고등학교에 입학하던 해에 저 세상으로 가고 말았어요. 그 일은 식구들에게 엄마가 돌아가신 이후로 가장 큰 슬픔이었죠.

저는 새어머니와 아버지와 함께 살려고 노력했어요. 하지만 저를 키워주신 할머니가 너무 보고 싶었어요. 할아버지가 돌아가신 이후로 혼자서 지내시는 할머니가 걱정이 되었어요.

그래서 할머니가 계시는 조치원으로 돌아와 고등학교를 마쳤어요. 졸업 후에는 천안에서 직장을 잡게 되었어요.

저는 그때까지 아직 주님을 만날 수 있는 기회가 없었어요. 1978년 가을이었어요. 저희 집 앞에 한 나사렛교인이 살고 있었지요. 그 분은 지금 천안에 있는 한 나사렛교회의 장로님의 부인이 되셨어요. 그 분은 저에게 예수님을 증거하면서 함께 교회에 가자고 했어요. 저는 어느 수요 저녁 기도 모임에 함께 따라갔지요. 그 날이 나사렛교회에 발을 딛게 된 첫날이 된 거지요. 그 후에는 남편이 나사렛대학에 다닐 적에 섬기던 천안에 있는 다른 나사렛교회에 다니게 되었고 그곳에서 결혼식도 올리게 되었어요.

천안 나사렛교회에 다니기 시작한 그 해 겨울에, 하나님께서는 드디어 제 마음에 찾아 오셨고 저는 그분께 저를 온전히 바치겠다고 헌신을 다짐했어요. 그건 저의 인생을 완전히 바꾸어 놓은 일이었어요. 제 여동생과 남동생도 함께 교회에 다니기 시작했죠. 그리고 다음해 부활절 주일날 저와 여동생, 그리고 남동생이 함께 세례를 받았어요. 하지만 아버지는 저희가 교회에 다니는 것을 원치 않으셨어요. 그러다 보니 동생들은 아버지 말씀을 거역하지 못하고 교회에 가는 걸 꺼리게 되었죠. 하지만 저는 달랐어요. 저에게 가장 중요한 것은 하나님에 대한 믿음이었어요. 아무도 나에게서 그 믿음을 빼앗을 수도 없고 믿음 생활도 막을 수 없다고 생각했어요. 그 때문에 부모님과 저 사이에 가끔 문제가 생겼었죠. 하지만 저는 마음 놓고 기도하고 울부 짖고, 내 속을 터 놓을 수 있는 곳인 교회를 절대로 빼 먹을 수 없다고 생각했어요. 제가 일하고 있던 직장에서도 사장님이 주일날 일하러 나오라고 하시면 저는 주일 아침에는 교회를 가야 하니 오후에 출근할 수 있다고 말씀을 드렸죠.

어느 날 주일, 목사님께서 설교 중에 나사렛대학에 대해 말씀하셨어요. 목사님은 "하나님의 일에 헌신으로 사역할 자들은 그 학교에서 공부할 생각을 해 보아야 합니다."하고 말씀하셨어요. 그 말씀을 듣는 순간, 하나님께서 나를 부르고 계시는구나 하는 생각이 들었어요. 갑자기 가슴이 마구 뛰기 시작했죠. 숨도 쉬기가 어려울 정도로 말이에요. 하지만 갑자기 왜 그런 건 지 알 수가 없었어요. 그래서 기도하기 시작했죠. "주님, 제가 이 대학에 들어가는 것은 불가능한 것 같아요. 아버지가 보내주시지도 않을 거구요. 저는 이제 주님을 영접한 지 몇 개월 밖에 되지 않았잖아요. 저는 성경을 어떻게 읽는 지 모르고 기도도 어떻게 해야 하는 건지 아직 잘 몰라요. 그리고 학비는 어떻게 마련하나요?"

그래도 저는 이 문제들을 놓고 계속해서 기도했어요. 일년간을 계속해서 기도했지요. 부모님과 가족들에게는 제 생각을 터 놓을 수가 없었어요. 교회에서도 저의 기도 제목을 나눌 수 있는 사람들은 몇 명 되지 않았어요. 드디어 서울에 올라가 대학 입학 시험을 치루게 되었어요. 기도만이 말로는 도저히 표현할 수 없는 마음의 위안이 되었죠. 그건 하나님과 나만의 비밀스런 기도였어요.

집에 돌아와서 시험 결과만을 기다리고 있었어요. 그리고 나사렛대학의 합격 통지서를 받았죠. 직장에 다니면서 모은 적은 돈으로 일년은 버틸 수가 있었어요. 하지만 2학년부터는 사정이 너무 어려웠죠. 그러던 중에 저는 장학금을 받게 되었어요. 그래서 졸업할 때까지 공부를 계속 할 수가 있었어요. 1학년 때 저희 과에 아홉 명의 여학생들이 있었는데 졸업할 무렵까지 여덟 명이 중퇴를 하고 여학생으로는 저 혼자 졸업을 하게 되었죠.

같은 과 학우였던 남편과 처음 데이트를 시작했던 건 일학년 겨울 방학 때였어요. 정말 엄청난 경험이었죠! 그는 저를 돌보아 주었고 우린 함께 기도 했어요. 그 때 저는 천안시 내에서 살고 있었거든요. 하지만 저는 첫 수업 시작 한 시간 전에 학교에 이미 도착해 있었어요. 채플에 가서 저와 성갑씨, 그리고 주님 나라를 위해 함께 일할 우리의 앞날을 위해 기도 드렸어요. 우린 앞으로의 사역을 위해 잘 준비된 자들이 되고 싶었거든요.

제가 2학년이 되던 1982년, 우린 약혼을 했어요. 그리고 다음 해인 1983년 5월 2일, 우리가 섬기고 있던 교회에서 결혼식을 올렸어요. 1984년 2월 23일, 남편과 저는 주변 사람들의 넘치는 축복을 받고 주님께 감사를 드리며 한국 나사렛 대학을 졸업하게 되었지요. 몇 달 후 우린 필리핀 마닐라에 있는 아시아 태평양 나사렛 신학대학원에 입학하기 위해 고향 땅을 떠났어요.

3. 지속되는 영향력

제가 초등학교에 입학할 때쯤 되자 부모님께서는 중요한 결정을 내리셔야 했어요. 저를 장애인을 위한 특수학교에 보낼 것인가 그냥 다른 아이들처럼 일반 학교에 보낼 것인가 하는 문제였어요. 제 걱정을 많이 하셨던 거죠. 만약 저를 특수학교에 넣으면 여러 가지 혜택을 누릴 수 있다는 장점이 있기는 했죠. 하지만, 어머니는 제가 꼭 일반학교에 가야 한다고 믿으셨어요. 어머니는 제 평생 같이 살 사람들은 보통 사람들이니 두려움을 극복하고 정상인처럼 생각하면서 살아야 한다고 말씀하셨어요. 그래서 일반 학교인 목포 산정 초등학교에 입학했어요.

저는 그 학교에 들어가게 된 것을 하나님께 감사하게 되었어요. 3학년 때 아주 놀라운 일이 일어 났거든요. 1970년, 저는 아주 아름다운 크리스찬이신 이 경란선생님을 담임선생님으로 만나게 되었어요. 선생님은 제 인생을 바꾸어 놓으셨죠. 선생님을 만나기 전에는 전 항상 조용하고 비관적인 아이였어요. 친구들이 내 절룩 다리를 보고 조롱하고 놀리는 통에 늘 슬픈 아이였죠. 선생님은 저를 이해하시고 사랑해 주시는 것 같았어요. 아마도 제 가족을 제외하고 저에게 그렇게 큰 사랑을 베풀어 주신 분은 이 선생님이 처음이었던 것 같아요. 교실에서 도움이 필요하실 때마다 선생님은 저에게 도와달라고 부르셨어요. 물론 저는 별 도움을 드릴 수 있는 아이가 아니었지만 그래도 잘 설명해 주시고 가르쳐 주셨지요.

그 당시엔 아버지가 시골에서 목회를 하고 계셨고 저는 목포시에서 학교를 다니고 있었어요. 누나와 형들과 제가 함께 지내고 있었지요. 누나가 밥을 해주었어요. 하지만 저는 부모님과 떨어져 지내면서 아주 외로워 했죠. 이 선생님은 저에게 엄마와도 같았어요. 선생님은 저를 위해 시간을 더 내주시고 공부하는 방법도 잘 알려주셨어요. 선생님은 제 자신을 어떻게 표현해야 하는 지 가르쳐 주시고, 좀 더 낙천적으로 생각하게 해 주셨고, 또한 노래할 수 있는 마음도 갖게 해주셨어요.

저는 이 선생님을 오랫동안 잊을 수가 없었어요. 선생님은 저를 여러 모로 도와주셨거든요. 아름다운 크리스찬이었지요. 선생님이 저에게 하나님에 대해 말씀해주셨었는지는 기억이 나지 않지만 선생님의 사랑과 보살핌을 통해 하나님을 볼 수가 있었어요. 중학교에 다니면서도 고등학교에 다니면서 늘 선생님을 생각했어요. "나중에 커서 결혼도 하고 성공도 하면 꼭 선생님을 찾아 뵈야지." 이렇게 결심했었지요.

그리고 나서 1988년이 되었어요. 아내와 귀여운 딸 혜진이와 함께 필리핀 바기오에서 사역하고 있을 때였어요. 저는 목사 안수를 받았고 필리핀 침례 신학대학원에서 박사과정을 밟고 있었어요. 이 선생님의 교실에 앉아서 공부를 한 지 어느덧 20년이 다 되어 갔어요. 갑자기 이런 생각이 들었어요. "한번 연락을 드려보면 어떨까? 선생님도 아마 내가 어떻게 살고 있는 지 궁금해 하실 거야." 저는 산정 초등학교의 교장선생님께 제 소개와 사정을 말씀 드리면서 이 선생님을 꼭 찾고 싶다고 편지를 써 보냈어요. 교장선생님은 제 편지를 읽으시고 깊게 감동하시고 이 선생님을 찾기 시작하셨어요. 19년 전에 이미 교직을 떠나셨다는 거예요. 교장 선생님은 2달간 수소문을 하셨어요. 그리고 마침내, 교장 선생님은 이 선생님이 서울에 계시다는 걸 알게 되시고 제 편지를 선생님 댁으로 붙여 주셨죠. 이 선생님은 저에게 답장을 써 주셨어요.

사랑하는 제자, 성갑아

네가 정말 자랑스럽구나. 지금 한국은 낙엽이 떨어지는 가을이다. 내 마음은 수확을 앞둔 농부들처럼 무척이나 풍요로워지고 벅차 오른다. 우리 집은 올림픽경기장에서 멀지 않아서 지금 밖에서는 올림픽 경기 소리가 한참 들려온다. 환호와 응원의 소리들 말이야. 지금은 장애인 경기가 끝나가고 있다.

네 생각이 나는구나. 어디서부터 어떻게 써야 할 지 모르겠다. 18년 전 나는 교사가 되었고 첫 발령지로 산정 초등학교에서 교편을 잡게 되었단다. 너희들 모두는 나의 사랑하는 제자들이 되었지. 네가 나를 아직도 잊지 않고 있다니… 나 역시도 너를 잊지 않았단다. 너는 참 사랑스러운 아이였다. 나는 그 때 가르쳤던 학생들을 자주 떠올리며, 어떻게 자랐을까, 결혼들은 했을까, 아이들은 낳았을까, 연락할 길은 없을까 하며 궁금해 하곤 했었다. 그러던 참에, 오늘 너의 편지를 받았다. 너의 편지는 오래 전 너희들의 기억들을 모두 가져다 주었다. 성갑이 너는 몸이 불편했었지. 하지만 나는 너의 그 맑은 미소, 똘망 똘망한 두 눈, 그리고 훤하게 잘생긴 그 얼굴이 아직도 기억이 난다. 지금도 너의 얼굴을 바로 앞에서 보고 있는 것처럼 말이야. 외국에서 그렇게 멀리 떨어져 살고 있는데도 나를 잊지 않았다니 정말 고맙구나, 성갑아.

내가 어떻게 살고 있는지 궁금하겠지. 나는 그저 평범한 주부로 살고 있단다. 아들과 딸 하나씩 두고 있어. 큰 딸은 중

학교 3학년이고 아들은 중학교 1학년이 되었어. 나는 이렇게 가정 주부로서 살아 가는 게 행복하다. 이제 너도 한 아이의 아버지가 되고 목회자가 되었는데 나는 여전히 너를 예전의 내 학생이었을 때처럼 대하고 있구나.

예전의 그 추억들로 무척이나 행복하고 뿌듯하다. 이 편지를 쓰기 전에는 참 하고 싶은 말이 많았는데, 오늘은 여기까지 하고 다음에 또 나누기로 하자. 산정 초등학교 교장선생님께서 네 편지를 나에게까지 전해 주셔서 얼마나 감사한지 모르겠다. 성갑아, 네가 행복하게 살기를 바란다. 지금 하고 있는 일에도 열심을 다해 살아라. 얼굴은 보지 못했지만 너의 처에게도 기쁨이 넘치는 내 마음을 전해 주렴. 나의 제자 성갑아, 하나님의 축복이 함께 하기를 기도한다.

1988년 10월 24일
이 선생님이

이 편지를 시작으로 선생님과 저는 계속 편지를 주고 받았어요. 작년 4월에 한국에 방문했을 때, 드디어 저는 선생님을 20년 만에 만날 수가 있었어요. 선생님은 큰 형님의 교회에서 10분 정도 떨어진 곳에 살고 계셨어요. 댁으로 찾아가 선생님을 다시 만나 뵙던 그 순간을 아직도 기억해요. 선생님은 하염없이 우시면서 저를 안아 주셨죠. 정말 감격스러운 순간이었어요. 목포에 있는 아버지 교회에 내려 갈 때에도 선생님은 저와 함께 동행해 주셨어요. 제가 설교하는 예배에 같이 참석하셨지요. 저는 설교 중에 선생님에 관한 얘기를 나누었고 선생님은 예배 내내 우셨어요. 서울로 돌아 오는 버스에서 선생님은 말씀하셨어요. "네가 강대상에 서서 설교를 하는 동안 너의 웃는 얼굴은 20년 전과 똑 같은 미소를 머금고 있었어, 어린 시절 바로 그 미소 말이야." 저는 서울에서 지내는 동안 선생님의 집에 머물렀어요. 선생님의 남편도 저에게 참 친절하게 대해 주셨고 선생님과 저를 자랑스러워 하셨어요.

그런데 선생님, 이젠 비극을 말씀 드려야 할 차례예요. 이 선생님은 예수 그리스도에 대한 첫 사랑을 잃어 버리셨어요. 예전엔 아주 아름다운 크리스찬이셨는데 제가 서울에서 다시 만났을 때에는 뜨거운 믿음을 잃어 버리신 걸 알게 되었어요. 신앙생활은 선생님 인생 속에 하나의 장식품에 지나지 않게 되어 버린거죠. 선생님은 말씀하셨어요. "나도 그 열정을 되찾고 싶었지만 놓쳐 버리고 말았단다. 주님을 섬기는 열정을 잃어 버렸고 내 믿음도 헛개비가 되었지." 교회도 일주일에 한번씩 간단다. 그래야 마음이라도 편하니까. 남편은 이제 더 이상 교회에 가지도 않지. 성갑아, 나를 위해 기도해다오. 내가 진정한 크리스찬이었을 땐, 열심이 있었단다. 예수님을 증거하고 전도했었지." 선생님의 자녀들은 하나님께서 선생님을 도우시기 위해 제자인 나를 보내셨다고 말했어요. 자녀들은 교회 생활도 열심히 하고 있었죠. 자기 가족을 위해 기도해 달라고 했어요. 그래서 계속 기도하고 있어요. 이 선생님이 예전처럼 기쁨이 넘치는 진정한 크리스찬이 될 수 있도록 기도 드리고 있어요.

저는 이 선생님이 왜 처음 믿음을 잃으셨는지 생각해 보았어요. 선생님을 통해 중요한 가르침을 얻게 되었죠. 날마다 말씀을 묵상하고 기도하는 것이 얼마나 중요한 가를 배우게 되었어요. 선생님은 그것을 계속 지키시지 못한 거예요. 사실 저도 어머니께 고백하자면 저도 그 일을 빼 먹을 때도 있었거든요. 그래서 시를 한편 짓게 되었어요.

묵상의 시간

오! 주님

오늘 다시 그런 삶의 반복입니다
하나님의 말씀 없이
하루 세끼 식사 전의 기도 외에는
기도하지 않으며

한주를 지내는 동안
내가 아침에 눈을 떴을 때
아버지의 손을 잡는 대신
내 소원대로 살아갑니다
이기적인 삶의 방법
난 하나님의 말씀을 선포하며
그의 양떼들에게 쏟아 부으시는
하나님의 은혜 앞에
부끄러움을 조명하지 않으며
악한 길에서 그들이 돌이킬 때
그러나 난 실체를 생각 못 했네
하나님께 쓰임 받은 후
내가 버림받을 수도 있다는 것을

나는 아네 내 진정한 싸움은
혈과 육에 대항함이 아님을

그러나 내 마음에 들어가지 않고
매일의 묵상을 위해
내 시간을 주지 않으며
그 대신 사람들을 정죄 하였네
하나님의 말씀 안에 살며
너는 구약시대의 바리새인
오! 주님
이 경솔함을 난 회개 하네
아버지 당신과의 묵상시간을 허락 하소서
그것으로 사탄의 유혹을 이기고
내 욕망에 따라 살지 않게 하소서

오! 주님
당신과의 나눔이 없이는
그리고 하나님의 말씀을 떠나서는
한 순간도 존재할 수 없습니다
내 삶을 올려드립니다
내 헌신을 받으소서
내 마음을 다하여
하나님의 사람이 되길 간구 합니다
나의 아버지시여!

4. **한국 나사렛 신학 대학교** (저자의 관찰적 입장에서)

"안녕하세요?" 한국 나사렛대학에서 학생들을 만나면 의례 듣는 인사말이었다. 하지만 김 성갑목사는 예외였다. "How's it goin', Ma'am?"(선생님, 별 일 없으세요?) 그의 미소와 궁금해 하는 얼굴은 정말 내게 '별 일이 없는 지' 알고 싶어하는 것처럼 느끼게 했다. 그 웃음과 관심은 마치 전염병처럼 온 교실에 퍼져 나갔다. 내가 그의 이름을 지명하여 주어진 내용을 외워 보라고 시킬 때면 그의 얼굴은 기쁨으로 넘쳤으며, 늘 "Thank you, Ma'am!" (감사합니다, 선생님!)하며 시작하는 것도 잊지 않았다.

김 목사는 이런 기회들을 사람들 앞에서 영어 연습을 하는 기회로 삼았다. 영어를 정복하는 것이 그의 도전이었고 꿈이었다. 어느 날 오후 하교하는 버스에서 그에게 물었다. " How's are you?" (잘 지내지?) 그는 주저 없이 바로 대답했다. "I just live one day at a time." (그저 하루 하루 살아요.) 그건 바로 몇 시간 전에 내 수업시간에서 배운 표현이었다. 김성갑 목사는 2학년 때 내가 가르치는 토플과목을 들었다. 그 과목은 고급영어 시간으로 영어권 나라의 대학으로 유학을 준비하는 학생들을 위한 수업이었다. 그는 대학을 졸업한 후 그런 기회들을 갖고 싶어했다. 김 목사는 다른 수업에서와 마찬가지로 토플수업에서도 우수한 성적을 보였고 수강생들 중 최고의 점수를 받는 학생이었다.

그는 우수한 학업 성적 이외에도, 웅변, 음악, 그리고 미술에도 재능이 있었다. 그가 나에게 학교 축제를 위해 시를 한 편 부탁한 적이 있었는데, 그의 멋진 서예체와 눈에 확 띄는 디자인으로 시 한편을 예술 작품으로 승화시킨 것을 보고 깜짝 놀란 적이 있었다. 재능 있는 예술가적 자질로 고요한 생명과 풍경들을 멋진 유화로 그려 낸 자신을 김 목사 또한 자랑스러워 했다.

학보를 편집하고 특별활동 클럽으로 요한 웨슬리의 신성클럽 (Holy Club)과 비슷한 신성 그룹 (Holy Group)을 조직하고 이끌어 가는 것이 김 성갑 목사의 주요 활동이었다. 선교사였고 한국 나사렛대학의 신학과 교수였던 마 동진 선교사 (Tim Mercer)는 김 목사의 신성 그룹에 대한 열정이 어떠했는지 말해주고 있다: "아주 재미있던 일 중에 하나는, 내 강의가 끝나고 나면 몇몇 학생들이 내 주변에 모여 들어 도대체 완전 성화는 무엇이며 성화된 삶이란 어떤 것인지에 관해 궁금해

하며 이리저리 캐묻는 학생들의 태도였다. 김 성갑 목사는 그 중에서도 특별한 관심을 보였던 학생이었다. 성화된 신앙인이 되고자 하는 그의 욕망과 또한 강의를 통해 배운 성화에 관한 신학적 배경으로, 드디어 그는 신성 그룹을 조성했다. 그는 언제나 앞장서는 리더십을 발휘하였다. 그리고 그룹은 학내에 아주 중요하고 인기가 많은 서클 중에 하나가 되었다."

나사렛 학보는 김 성갑 목사가 성결론을 더욱 주창할 수 있는 또 하나의 통로가 되었다. 학보는 한국의 모든 나사렛 교역자들에게 발송이 되었다. 1983년에 한국 나사렛대학 임시 총장을 맡았던 케네스 피어설박사는 이렇게 말했다. "김 목사는 학보라는 매개체를 통해 무거운 책임감을 가지고 성결에 관한 설교와 나사렛 뉴스들을 모두 한국어로 전달하는 데 힘썼다. 내가 설교원본을 영어로 쓰면 그는 한국어로 번역해서 지역의 교역자들도 읽어 보고 자료로 보관할 수 있도록 해주었다. 한국어로는 성결에 관한 글이 별로 없다는 것을 잘 아는 그는 그 필요를 충족하기 위해서 최선을 다했다."

김 목사는 나에게도 필요 있는 사람이 되었다. 그는 강의 시간뿐 아니라 그 외 시간에도 내게 맘을 써 주고 도움을 주는 친구 같은 사람이 되었다. 그는 내가 한국말을 잘 못하고 알아 듣지 못해 어려워하는 것에 대해서도 신경을 써 주었다. 어느 날 채플시간이었다. 학생회장이 설교를 하고 있었는데 설교 중 내가 앉아 있던 줄의 저쪽 끝에서 쪽지 한 장이 옆 사람들을 통해 내게 전달되어 왔다. 거기에는 "앞에서 지금 공의로움에 대해 설교하고 있어요. 이해하고 계세요? 그러시면 좋을텐데요… 김성갑 드림"

내가 강의하는 토플은 늦은 저녁이었다. 강의가 끝나면, 백 위열 총장 (Bill Patch)이 나를 버스정류장까지 태워다 주곤 했다. 거기서 버스를 타고 한 시간 정도 가서 대전으로 귀가했다. 어느 날 저녁, 귀가 길에 대전으로 가는 버스를 놓치고 말았다. 나는 "이제 어떻게 해야 하지?"하고 중얼거리며 난감해 하고 있었다. 김 목사는 이미 답을 알고 있었다. "선생님, 기차를 타시면 되요." 그때까지 나는 한번도 한국에서 기차를 탄 적도, 기차역 조차 가 본적이 없었다. 나는 천안과 대전에 기차역이 어디 있는지도 알지 못했다.

김 목사는 그런 나를 구출해 주었다. "선생님, 제가 도와드릴께요." 그는 이렇게 말했다. 그는 우선 택시를 잡은 다음 나와 함께 기차역으로 갔다. 그리고 나서 내 기차표를 한 장 사다 준 다음, 나와 함께 40분을 기다려 주었다. 기다리는 동안 그는 대전에서 택시를 타면 기사 아저씨에게 보여주라며 대전역에서 우리 집까지 가는 길을 자세히 적어 주었다. 기차가 도착했을 때, 김 목사는 나와 함께 기차로 올라 탔다. 그리고는 재빨리 내 자리를 잡아 준 다음, 내 자리 근처에 앉은 승객들에게 대전역에 도착하면 나에게 알려 주라고 부탁을 했다. 그러는 사이, 기차가 다시 출발할 시간이 되었고 그는 가까스로 기차가 움직이기 전에 다시 추운 바깥 공기 속으로 뛰어 내릴 수 있었다. 그 날밤, 나와 내 손에 쥐고 있던 카네이션 한 송이는 무사히 집까지 도착할 수 있었다. 카네이션은 김 목사가 그 날 내게 주었던 선물이었다.

그는 다른 면에 있어서도 나를 많이 도와 주었다. 그는 아마 내게 한국의 문화와 음식을 알려 주는 것이 자신의 특권이며 의무라고 생각했던 것 같다. 나는 그가 알려 주는 정보들을 열심히 들었다. 제주도로 수학여행을 갔을 때, 학생들과 나는 여객선 위에서 늦은 저녁을 먹었다. 반찬은 국하고 김치였다. 김 목사는 "선생님, 이 국을 어떻게 만드는 지 알려 드릴께요. 일단 물에 소머리를 집어 넣고…"라고 설명을 시작했다. 쌀, 잘게 찢은 고기, 양파를 넣고 소머리를 우린 국물을 넉넉히 부은 다음 계란 노른자를 위에 동동 띄운 국이었다.

나는 그 날 계란을 벌써 3개나 먹었었기에 국 위에 띄운 노른자는 그의 국그릇에 넣어 주었다. 또 한번은 식탁 위에 오른 반찬 중 하얗고 미끌미끌한 음식이 무엇인 지 물었다. 김 목사는 영어 단어가 잘 생각이 나지 않는 지 내게 물었다. "저걸 acupunc ('한방 침'이라는 뜻의 영어단어의 시작부분으로 영어 단어 '문어' 소리와 엇비슷함)이라고 말하나요?" 나는 대답했다. "설마, 그럴리가 없을텐데. 혹시 'octopus'(문어)라는 단어를 말하는 건가?" "네, 맞아요!" 그는 또 하나의 영어 단어를 배운 것을 너무 기뻐하며 대답했다.

김 목사는 나와 마찬가지로 음식에 관심이 많았다. 나는 한국 음식이 그릇에 예쁘게 담아져 나온 예술성을 즐겼고 그는 그 요리들을 먹는 것을 즐겼다. 그는 다른 한국사람들과 마찬가지로 김치를 무척이나 좋아했다. 배추와 양파, 마늘, 붉은 고추, 그리고 갖가지 양념들로 만든 음식으로 항아리에 담아서 몇 달 동안 저장해 놓는다. 한국사람들은 김치를 하루에 세 번, 매 끼니마다 먹는다. 김 목사는 아마도 하루에 세 번 이상 먹었을 정도로 좋아했다.

내가 그를 좀 더 잘 알게 된 것은 한반도의 남쪽 끝 목포에 있는 그의 아버지 교회를 방문했었을 때 인 것 같다. 주일 아침 예배가 끝나고 김 목사는 나를 옥상으로 데리고 올라갔다. 그 곳에서 우리 눈 안에 들어 온 풍경은 아름다운 파노라마와 같았다. 여러 개의 지붕들, 뒤편으로 자리 잡은 산들, 그리고 앞쪽으로는 수평선으로 쫙 뻗은 황해를 볼 수 있었다. 그는 아버지가 초창기에 목포의 농촌에서 나사렛교회를 창립하기 위해 고생하셨던 일들을 얘기해 주었다. 지금의 교회뿐 아니라 그 교회에서 목포의 다른 지역에 세운 다른 나사렛교회에 대해서도 말해 주었다. 그는 또한 그의 앞으로의 희망과 꿈, 미래의 사역에 대한 비전들을 내게 나누며 눈물을 머금고 있었다.

김성갑 목사와 임향숙 선교사는 나사렛대학 2학년 때부터 만나기 시작했다. 임 향숙 목사는 영문학강의를 듣는 학생 중에 한 명이었는데 사실 개인적으로 친분을 갖지는 못했었다. 내가 그녀를 가까이 알게 된 것은 그녀의 수줍음이 어느 정도 사라졌을 때였다. 어느 날 김 목사가 내게 임향숙 선교사에 대해 넌지시 말했을 때 나는 "임향숙 학생은 참 예쁘지."하고 말했다. 그 때 둘은 내가 아는 한 안정된 관계를 유지하고 있었다. 나의 말에 그는 얼굴이 밝아졌다가 이 내 어두운 그림자가 드리웠다.

"감사합니다, 선생님." 그는 계속해서 말했다. "하지만 향숙씨 아버지가 저를 좋아하지 않으세요." 내가 그 이유를 묻자 그는 이렇게 대답했다. "저의 신체결함 때문이죠." 김 목사가 어린 시절 앓았던 소아마비는 그를 절름발이로 만들었던 것이 사실이다. 하지만 나는 그런 사실을 거의 느끼지 못하고 살았다. 삶과 배움에 대한 그의 열정, 학교 생활의 모든 분야의 적극적인 참여, 그리고 그의 낙관적인 태도는 그의 신체적인 결함을 채우고도 남았다. 그가 어린이 주일학교에서 찬양을 인도할 때는 기타와 탬버린을 흔들며 자유롭게 뛰었다. 그의 절뚝거리는 다리는 넘치는 은혜로 율동 하는데 하나도 방해가 되지 않았다. 학교에서 야외수업을 나갔을 때도, 기타를 치며 찬양 인도를 했던 그는 한 순간도 가만히 서 있던 적이 없었다.

그래서 난 임향숙 선교사의 아버지가 그를 반대하신다는 이야기를 듣고 조금 놀랐다. 하지만 나는 한국사람들은 신체적 결함을 결혼과 좋은 직장을 구하는 데 큰 장애물로 생각한다는 것을 책에서 읽은 적이 있었기에 아주 많이 놀라지는 않았다. 예를 들어, 얼마 전 교육부에서 사범대학은 신체적인 결함이 있는 자들을 입학시키지 않는다는 법항을 통과시켜서 문제가 되었었다. 그들이 말하는 신체적 결함자란, "국가 공무원 시험 중 신체검사를 통과할 수 없는 자, 남들에게 불쾌감을 주는 신체 소유자", 기타 몇 가지 사항들에 포함된 사람들이었다.

김 목사는 조만간 양가의 가족이 함께 만나서 앞으로 두 사람이 어떻게 하면 좋을 지에 대해 이야기 하려고 한다고 말했다. 양가 가족의 만남은 무사히 끝났고 얼마 가지 않아 나는 두 사람의 약혼식에 초대를 받고 임향숙 선교사의 집을 방문하게 되었다.

그것은 파티라기 보다는 잔칫상에 둘러 앉아 예배를 드리는 형태였다. 여러 개의 작은 반찬 접시들 위엔 구운 김, 하얀 오징어, 떡, 그리고 여러 가지 특별히 준비된 음식들로 가득 찼고 작은 세 방에 각각 놓여진 상 위에 가득히 올려져 있었다. 한 방에서는 선교사 사모님들과 김 목사의 큰 형(한국사람들은 자기보다 서열이 위인 형제, 자매들을 이름으로 부르지 않고 그냥 "큰 형, 둘째 형, 누나"라고 부른다), 누나, 아버지, 어머니, 그리고 내가 앉아 있었다. 옆 방에는 나사렛대학의 교수로 재직 중이던 선교사들과 오정환 지방 감독님, 김 성갑 목사, 그리고 분홍색 한복을 곱게 차려 입은 임 향숙 선교사가 앉아 있었다. 또 다른 방에는 나사렛대학 학생들 몇몇이 앉아 있었다. 신부의 어머니는 부엌 일을 하느라 바빴지만 그래도 사진을 위해서 분홍색 한복을 예쁘게 차려 입고 있었다. 약혼식은 찬송, 기도, 오 감독님의 설교에 이어, 반지 교환으로 진행되었다. 내가 듣기로는 이 약혼식은 거의 결혼식의 형태라고 했다.

약혼식이 있던 날은 1983년 9월 13일이었다. 다음 해 5월, 나는 김 목사가 부교역자로 섬기고 있던 천안 나사렛교회에서 올려진 두 사람의 결혼식에 참석했다. 임향숙 선교사는 한 시간이나 진행된 결혼식 내내 얌전히 아래만 쳐다보고 있었다. 내가 나중에 김 목사에게 신부가 결혼식 내내 왜 그렇게 심각했냐고 물어보니까 만약 그녀가 웃었다면 나중에 딸만 낳게 될 거라고 대답했다. (이 부부가 첫째 딸을 얻은 것으로 보아 결혼식 도중 임 향숙 목사가 분명히 한번쯤은 웃었을 것이다!)

나는 이 두 사람의 신혼여행에 동반했다. 사실은 졸업반 학생들 모두가 함께 갔다. 5월 하순 쯤이었다. 김 목사 부부는 그 때까지 신혼여행을 가지 않고 기다렸다. 왜냐하면 그 해 4학년들의 졸업 여행은 한국의 신혼부부라면 한번씩 꿈꿔보는 제주도로 가게 되어 있었기 때문이다. 제주도는 한반도에서 가장 크고도 가장 유명한 섬이다. 남해에서 여객선을 타고 6시간 정도 가면 도착하는 이 "신들의 정원"이라고 불리는 제주도엔 여러 가지 장관들이 있다. 그 중에 하나는 한라산으로, 한국에서 가장 고도가 높은 산이고, 정상에는 분화구가 있어 호수를 이루고 있다. 또 하나는 폭포들이다. 바다에서 용솟음치는 용의 모습을 한 바위가 화가 난 듯 검은 머리로 하늘을 찌르는 모습을 하고 있다. 또 세상에서 가장 긴 동굴들 몇 점도 볼 수 있다. 향기로운 오렌지도 자란다. 폭풍우에 다듬어진 나무 조각 공원도 있다. 해삼을 따러 바다 밑으로 잠수하는 해녀들도 볼 수 있다. 이러한 화려한 전설들과 고요한 아름다움의 역사를 지닌 한국의 제주도는 한국인들뿐 아니라 세계의 여러 나라 사람들에게도 꼭 가보고 싶은 장소이다.

제주도에서 졸업여행 : 김성갑과 임향숙, 오른쪽에서 네 번째와 세 번째

천안에서 김 성갑 목사의 고향집과 제주로 가는 선착장이 있는 목포까지 가는 6시간의 기차 여행 동안, 두 사람은 마치 우리가 자신들을 방문한 손님인 냥 주인처럼 우리들을 대해 주었다. 우리가 목포 벧엘 나사렛교회의 사옥에 도착했을 때, 김 목사의 어머니는 우리를 위해 점심을 준비해 놓으셨다. 그의 아버지는 어디 나가셨는지 계시지 않았다. 김 목사는 이번에도 집주인 역할을 하면서, 교목이며 졸업생 담임 교수였던 강수명 목사와 나를 작은 상이 놓여 있는 방으로 안내했다. 김 목사의 어머니는 매우 아름다우시면서도 눈에 띄지 않으시려고 조심스럽게 행동하시는 분이셨는데, 우리에게 미역국과 여러 가지 반찬들을 대접해 주셨다. 문어무침도 있었고 꼬막도 있었다. 우리가 식사를 다 마치자, 김 목사와 다른 학생들은 남은 반찬들을 해 치웠다. 그리고 나서 우리는 제주도를 향해 여객선에 올랐다.

대부분의 학생들은 한라산을 등반했다. 제주도의 방문객들은 한번쯤은 한라산 등반을 마쳐야 한다는 과업을 이루기 위해서 말이다. 나와, 김성갑목사 부부, 함께 등반을 가지 않은 몇몇 일행들은 사방이 산으로 둘러 쌓인 멋진 골짜기에서 모두가 등반을 마치고 돌아오기를 기다리고 있었다. 나는 공원 안에 그 아름다운 장소가 그곳 담당자가 우리들을 위해 특별히 마련한 곳이라는 것을 나중에야 알게 되었다. 김 목사가 그에게 "이 분은 우리 교수님이세요."하고 말했기 때문이다.

다른 멤버들이 등반을 마치고 돌아오기까지 6시간의 시간을 함께 보내면서, 남은 다섯 명은 금방 친해졌다. 잠깐 동안이지만 함께 정상을 향하여 계단을 좀 타고 올라가서 용암으로 채워진 계곡에서 시간을 보냈다. 그 곳에서 지저귀는 새들의 소리도 맘껏 즐겼다. 나는 김 목사가 자신의 절룩 다리를 힘들게 하는 옥석들을 넘기도 하고 이리저리 헤치면서 열심히 등반하는 모습을 즐거운 마음으로 바라 보았다. 김밥과 주먹밥이 우리의 점심이었다. 나는 김 목사가 내 옆에 앉아서 내가 다 먹지 못한 도시락을 비워 줄 수 있어서 기뻤다.

우리는 제주도에서의 여정을 마치고 저녁 비행기를 타고 서울로 올라와서 다시 천안으로 내려가는 기차를 탔다. 그 중에 나만 대전이 종착점이었다. 하지만 내가 앉은 좌석은 천안까지만 유효했다. 김 목사는 내가 대전에 갈 때까지 서서 가는 것을 원하지 않았다. 그래서 몇 명의 차장들에게 내게 자리를 좀 구해 달라고 요구했다. 아마도 그는 우리 교수님이 내리실 때까지 꼭 앉아서 가셔야 하거든요.하며 차장중의 누군가를 설득시키는 데 성공했음에 틀림없다. 너무나 민망하게도, 그 중 한 차장이 어떤 남자 승객에게 다가가 내게 자리를 양보해 달라고 부탁했다.

그 때 그 학생들과 보냈던 시간이 내가 2년 동안 한국에서 머물렀던 시간 중 가장 즐거웠던 시간들이었다. 아마도 김 목사 부부가 있었기 때문일 것이다. 그 두 사람과 또 다른 학생들도 역시 내게는 선생님이었고 나는 그들의 학생이나 다름없었다. 그들의 따뜻함과 관심과 세심한 배려가 다른 어떤 말보다 더 그리스도인다운 삶을 보여주었다.

5. 아시아 태평양 나사렛 신학대학원 (APNTS)

김 목사부부는 1984년 4월, APNTS에서의 학업을 위해 필리핀으로 둥지를 옮겨 새로운 삶을 시작하였다. 임향숙 선교사는 그때의 일을 이렇게 말했다.

우리가 처음 필리핀에 도착했을 때, 세 분의 나사렛 선교사님들께서 우리를 맞아 주셨어요. 오웬스 사모님 (Adeline Owens)과 지역 사무실에서 일하던 파멜라 (Pamela Grant), 그리고 유니스 (Eunice Marlin)였어요. 지금은 파멜라는 하이티에 있고 유니스는 바기오에 있는 루손 나사렛대학에서 가르치고 계셔요. 그 분들은 저희를 마닐라에 있는 지역 사무실로 데리고 가셨어요. 그리고 오웬스사모님께서 우리를 위해 기도해 주셨어요. 그 분은 주님께 헌신한 우리를 위해 눈물로 기도를 해 주셨어요. 지금도 얼마나 생생하게 기억이 나는 지 몰라요.

또 기억이 나는 것은 필리핀에 처음 와서 보낸 며칠이에요. 당시 학장님이셨던 오웬스 박사님 부부는 저희에게 마닐라 구경도 시켜 주시고 쇼핑몰에도 안내해주셨어요. 그 분들은 저희를 잘 보살펴 주셨고 필요한 물건을 사주기도 하셨어요. 그 분들이 저희에게 베풀어 주신 사랑은 절대로 잊지 못할거예요. 저희에게는 영적인 부모님과 같은 분들이시지요.

김 목사는 그의 편지에서 필리핀에서의 새로운 삶에 대해 흥분을 감추지 못했다.

1984, 5월 22일

특별하신 저의 선생님께

할렐루야! 우리를 구원하신 예수 그리스도의 이름으로 문안을 드립니다. 우리 주님 되신 예수님이 내 영혼에 늘 샘 솟는 생수를 주시니 하나님께 찬양을 드립니다! 저희가 한국에서 필리핀 마닐라에 도착했을 때 선생님의 편지를 받게 되어서 얼마나 기뻤는지 몰라요. 이곳에 선교사님으로 계신 카일 그린 사모님께 전해 받았어요. 필리핀에서의 새 삶을 선생님의 편지와 함께 시작하게 되어서 정말 좋았어요. 편지 보내주셔서 참 감사 드려요. 제 답장이 조금 늦었죠?

선생님, 여기는 일년 내내 날씨가 무척 더워요. 그래서 저희가 적응하기에 좀 힘이 들었죠. 하지만 지금은 여러 가지로 많이 좋아졌어요. 주변의 여러 분들이 친절하게 대해 주시고 관심과 기도로 도와주고 계시거든요.

저희 부부는 여기 도착하자마자 여름학기 첫 과목을 들었어요. 지금은 여름학기 두 번째 과목과 다음학기 수업을 위해 준비하고 있어요. 저는 이곳에서 신학과정에, 집사람은 기독교 교육학 과정에 등록했어요. 아마 저희의 언어 문제는 말하기보다는 영어로 책을 읽고 영어로 과제를 작성해야 하는 것 같아요. 매일매일 꾸준히 열심히 하면 언젠가는 이 문제가 해결될 거라고 믿어요.

저희가 필리핀에서 공부를 하기로 한 데는 몇 가지 이유가 있어요. 일단, 저는 아시아 선교에 대한 큰 관심이 있어요. 제가 구원 받았을 때 하나님께서 저에게 이런 비전을 주셨거든요. 또 다른 이유는, 영어실력을 늘리고 싶어서요. 그리고 또 하나의 이유는 경제적인 거죠. 이곳에서 학위를 받은 후 미국으로 박사학위를 받으러 갈 수 있으면 좋겠어요. 모든 준비가 끝나면 다시 한국으로 돌아가야죠.

저희 부부는 학교 안에 마련된 가족 기숙사에 살고 있어요. 기숙사에는 생활에 필요한 대부분의 살림들이 구비되어 있어서 요리도 할 수 있어서 아내는 여러 가지 종류의 김치도 만들어 주지요. 저는 아직도 김치광 이거든요! 매일 새벽 저희 집에서 새벽기도회를 드려요. 함께 성경도 읽고, 간증도 나누고, 찬양을 드리고, 또 큰 소리로 기도도 하지요. 특별히 저는 선생님의 건강과 앞으로도 하나님 나라를 위한 사역을 위해 힘쓰실 것을 위해 기도 드려요. 집사람도 선생님을 위해 함께 기도하고 있어요.

저희는 선생님을 정말 그리워하고 있어요. 그래서 날마다 볼 수 있도록 선생님의 사진이 든 액자를 책상 위에 올려 놓았어요. 이곳에는 선생님을 아주 잘 아시는 분들도 계세요. 또 선생님이 스털츠 목사님 (Rev. Stults)께 써 주셔서 세계 선교지 (World Mission Magazine)에 실린 저에 대한 기사를 읽으신 분들도 계시고요. 그건 저에게는 아주 특별한 일이었죠. 어떤 교수님께서 그 기사를 학교 게시판에 붙여 놓으셨어요. 그 기사의 내용은 하나님께서 우리를 그의 사역에 쓰시려고 놀라운 은혜를 베풀어 주셨다는 것이었어요. 우리의 삶을 구주이신 그리스도만 위해서 살 수 있도록 기도 드립니다. 선생님을 만나게 된 것과 우리에게 특별히 쏟아 주신 정을 늘 감사 드리며…

주님의 축복이 넘치기를…

김성갑 드림

그 다음해, 케네스 피어스 박사는 (Dr. Kenneth Pearsall)

APNTS 개교 예배에 참석했다. 그는 이렇게 말했다. "내가 김 목사 부부를 거기에서 만났을 때 그들에게 주워진 리더 역할을 잘 해 내고 있었다. 한국 학생들과 또 다른 나라 학생들을 위해 새벽기도회를 시작했고 그 곳 나사렛교회에서도 활발하게 활동하고 있었다. 물론 한국 음식과 친구들을 그리워하고 있었지만, 그래도 조금도 의기소침하지 않았고 모든 것을 믿음으로 극복하고 있었다."

김 목사의 특별 활동 중엔 APNTS 학보 편집과 마닐라 시내 빈민지역인 톤도에서의 APNTS 사역에 앞장 서는 일이었다. (톤도 사역에 대해서는 뒷 부분에서 설명할 것이다.) 김 목사의 가정은 별 탈 없이 잘 지내고 있었다. 김 목사는 학교 생활과 마닐라에서의 새로운 경험에도 만족하고 있었다. 김 목사 부부는 기숙사 생활과 학업, 그리고 사역도 즐거워했다. 부부는 이제 하나님께서 그들의 앞 날을 위해 무엇을 준비해 놓으셨는지 알게 되었다. 김 목사는 한 편지에 이렇게 적었다. "작년 한 해는 저희 두 사람의 인생에 가장 중요한 해였어요. 우리가 앞으로 걸어가야 할 옳은 길을 저희에게 보여주셨지요. 우리가 학업을 하는 목적을 순수하게 하시는 하나님께 찬양을 드려요. 성령께서 우리를 온전히 드릴 수 있는 지혜를 주셨어요. 하나님께서는 저희를 한국의 장애인들을 위한 목회와 출판 사역으로 부르고 계세요. 한국에는 예수 그리스도를 모르는 장애인들이 아직도 수백만명이 있어요. 저희 부부는 그들에게 완전성화의 메시지를 전하는 도구로써의 부르심을 받을 준비가 되어 있어요."

김 목사 부부는 몇 달 후면 세상에 태어날 첫 아이의 탄생에 대해서도 무척 흥분하고 있었다. 부부는 김 목사의 어머니께 그런 소식을 전할 수 있게 되어 더욱 기뻐하였다.

"첫 아이가 태어나기 전에 한국에 계신 어머니께 전화를 드려서 아내가 임신을 했다고 말씀을 드렸어요. 어머니는 "아들아, 분명히 아들이 태어날 꺼야!" 저는 어머니께 "아니에요, 어머니. 분명히 딸 일거예요."라고 말씀 드렸어요. 어머니는 "그걸 어떻게 아니?" 하고 물으셨어요. 저는 "집사람 얼굴이 예뻐지고 피부도 고와졌어요. 사람들이 그러는데 그러면 딸이래요." 하고 말했어요. 하지만 어머니는, "아들아, 그래도 믿음을 가지고 기도해라, 아들이 태어나기를 기도해야 해!" 하고 말씀하셨어요. 아내가 혜진이를 출산했을 때 어머니께 다시 전화를 드렸어요. "어머니, 말씀 드렸지요? 딸이 태어났어요!" 어머니께서는 "그래, 하는 수 없지. 하지만 용기를 잃지 마라.

다음에는 꼭 하나님께서 너에게 아들을 주실 거야."라고 말씀하시면서 아이를 또 낳으려고 격려하셨어요. 그래서 아내가 또 임신을 하게 되었을 때, 어머니께서는 아들을 낳게 해 달라고 기도하셨어요. 우리 부부도 역시 아들을 위해 기도 했고요. 출산 용품을 모두 하늘 색 계통으로 준비했지요. 첫 아이 때에는 모두 분홍색으로 준비했었거든요. 우린 첫아이가 왜 딸이라고 믿었는지는 모르겠어요. 어머니와 저희 부부는 태어난 둘째가 아들이었을 때 무척 기뻤어요.

선생님, 우리 딸 이름을 왜 혜진이라고 지었는지 말씀드릴께요. 집사람이 임신했을 때 저희는 태어날 아기가 진실되고 지혜롭기를 바라는 마음으로 1000번 기도를 시작했어요. 솔로몬 같은 지혜를 위해서 말이에요. 혜진이가 태어났을 때에 650번째 기도를 드렸던 것 같아요. 그리고 아기의 이름을 혜진이라고 지었어요. "혜"는 지혜이고 "진"은 진실을 의미해요. "진실한 지혜"라는 뜻이지요. 저희는 혜진이가 사는 동안 필요한 지혜를 위해서 계속해서 기도했어요. 그래서 어려서부터 예수님을 영접할 수 있도록 말이에요.

혜진이를 받은 산부인과 의사는 크리스찬이었어요. 첫 번째 진료부터 출산 때까지 병원 사용료 조금 빼고는 한 푼의 의사 진료비도 받지 않으셨지요. "목사님, 이 일은 모두 주님을 위해서 하는 일이에요."하고 말씀하였어요. 그 의사 선생님과는 아직도 좋은 친구처럼 지내고 있어요. 그런데 출산 후 혜진이를 담당한 소아과 의사가 실수로 잘못된 약을 처방해 주어서 태어난 지 3일만에 다시 병원으로 가서 일주일 동안 입원을 했어요. 그 때에 저희는 가지고 있는 돈이 하나도 없어서 이렇게 기도했어요. "주님, 필요한 비용만큼 채워주세요." 혜진이가 병원에서 퇴원했을 때 총 입원비가 8,200페소 정도 (당시에 약 400달러)였어요. 그리고 나서 어떤 일이 일어났는지 아세요? 하나님께서는 정확하게 8,200페소를 미국에 있는 친구의 손길을 통해 저희에게 보내주셨어요.

저희는 혜진이가 자라는 것을 보면서 하나님께 찬양을 드렸어요. 집사람이 어린 혜진이를 보며 지은 시를 선생님과 나누고 싶어요.

나의 소중한 딸, 혜진

내 마음 깊은 곳에 기도
하루하루 쌓이면

내 안에 비밀한 기쁨 넘쳐
하늘에 닿네

하나님 내게 주신
너는 영원한 축복이어라
내 품에 안긴 너는
온 천하 보다
한 영혼을 더 사랑하시는 분
너는 그분의 것이어라

오! 사랑하는 딸아
난 널 위해 아무것도 할 수가 없네
그러나 두려워 않으며
너로 인하여
큰 기쁨 넘치면
그의 의로우신 뜻
그의 놀라운 사랑 인하여
하나님께 감사드리네

좁은 길일 지라도
마땅히 행할 길로 가거라

사랑하는 딸아 기억하라
언제나 보이지 않는 하나님의 손으로
널 붙들어 주심을

주님 앞에서
너의 순결한 모습 간직하며
주님 앞에서
겸손한 마음 안고
주님 앞에서
변치 않는 믿음을 지키라

최선을 다해 드려라
너의 삶 전부를
하나님께 인정받는 자로

기쁨의 눈물로
널 위해 기도하노라
널 보내신 예수 그리스도
그분의 삶을 본받아
이웃을 사랑하고
하나님의 나라와

그의 의를 먼저 구하라
하나님의 사랑을
저들이 알도록
너의 삶을 산제사로 드려라

나의 사랑하는 딸아
나의 소중한 딸아
진리의 말씀을
네 마음 판에 새기라

내 품에 안긴
아름다운 모습
너는 영원히 그분의 것이어라

김성갑목사와 임향숙 선교사, 그리고 혜진이의 가정은 행복하고 희망에 찬 가정이었다. 김 목사의 낙관전인 삶의 태도는 1987년 부활절에 쓴 편지에 잘 나타나 있다:

주님 안에서 우리에게 어머니 같으신 라프바움 선생님

사망을 이기신 우리 주 예수 그리스도에게 찬양을 드립니다! 저희는 아직 미국사람들의 부활절 축하방법은 잘 모르지만 필리핀 사람들의 방법은 잘 배워가고 있어요. 새벽 예배와 거리 행진이지요.

선생님의 기도와 사랑에 정말 감사 드려요. 선생님께 필요한 돈을 받았을 때 정말 하나님께서 우리의 기도에 응답하셨다는 걸 알았어요.

이번 주는 저에게 APNTS에서의 마지막 주가 될 거예요. 제 마지막 과제물은 금요일까지 제출해야 하는 5페이지의 비평문이에요. 이곳에서 지낸 3년 동안 하나님께서는 정말 저희에게 많은 은혜를 부어 주셨어요. 부활절 선물로 부채를 하나 보내드립니다. 그게 한국적인 방법의 부활절 인사가 아닌 가 싶어요. 혜진이의 손 도장도 상자 위에 찍어서 보내드립니다. 혜진이도 선생님께 부활절 인사를 전해드리고 싶을 거예요….

"너는 진리의 말씀을 옳게 분별하며 부끄러울 것이 없는 일꾼으로 인정된 자로 자신을 하나님 앞에 드리기를 힘쓰라" (디모데 후서 2:15)

사랑과 기도로,

김성갑, 임향숙, 김혜진 드립니다.

김 목사의 가정은 너무나도 즐거운 인생을 살고 있었다. 그런데 갑자기 폭탄 같은 일이 터졌다. 김 목사는 이렇게 써 왔다.

선생님, 저는 병이 들었어요. 아무것도 먹을 수가 없어요. 물만 마셔도 토해요. 극심한 두통도 왔고 사물이 두 개로 보여요. 나사렛대학에 들어가기 몇 년 전에도 같은 증상이 있어서 단식 기도를 했었는데 7년 만에 그 증상이 다시 일어났어요.

의사들은 뇌수술을 받아야 한다고 했어요. 저는 이 수술이 다시는 깨어 날 수 없을 지도 모르는 매우 심각한 수술이라는 것을 알았죠. 하지만 두렵지 않았어요. 저에게 죽음은 두 눈을 잠시 감았다가 다시 뜨면 주님의 품 안에 안기게 되는 것이라는 확신이 있었어요. 다른 사람들이 저에게 "당신에게 죽음은 어떤 의미인가요?"하고 물으면 저는 항상 그렇게 대답했어요.

아마 제가 병원에 실려 갔을 때에는 이미 거의 죽어가는 상태였을 거예요. 그렇게 오랫동안 먹지 못하고 심한 두통과 시력 저하 및 난시 증세로 고통 받은 후에 어떻게 살아 날 수 있었는지 모르겠어요. 병원에서 의사들은 제 머리 안에 종양이 있다는 것을 발견했어요.

수술 2주전부터 링겔을 맞으면서 수술 대기 중 이었어요. 1차 수술에서는 제 귀 뒤쪽 목 밑으로 관을 끼어서 뇌 속으로 연결시켜 놓았어요. 지금 이 순간에도 그 관이 뇌에서 흐르는 물을 방광으로 흘려 보내고 있어요. 그게 첫 번째 수술이었어요. 그리고 나서 2차 수술은 12시간이 걸렸어요. 그 수술에서 두 개의 종양을 떼어 내었지요.

이 경험들을 통해 저는 제 주변의 친구들과 선교사님들을 통해 엄청난 사랑의 은혜를 입었어요. 수술 후 어느 날 아침, APNTS 학장 부인이신 앤 페어뱅크스 사모님께서 병실에 오셔서 묵상 중에 하나님께 받은 말씀을 나눠 주셨어요. 사모님은 "어제 밤 기도 중에 주님께 여쭈어 보았어요. 하나님, 왜 김성갑목사가 이렇게 고통을 겪어야 하나요?" 그리고 하나님께서는 사모님께 고통을 주시는 목적에 관련된 성경 구절들을 떠오르게 하시고 그러한 고통들을 통해 하나님의 뜻에 따르는 순종을 배우며 그의 사랑하심과 친절하심을 경험하게 하신다고 말씀하셨어요. 사모님을 통해 하나님께서는 "이러한 경험을 통해 내가 이루고자 하는 것들이 있음을 알게 함이라. 그와 그의 가족의 죄로 인함이 아니요 나의 뜻을 이루게 함이니라. 이러한 경험으로 인해 나는 그에게 특별한 일을 행할 것이다"라고 말씀하셨어요. 앤 페어뱅크스 사모님의 부어주신 사랑은 저에게 정말 감동을 주셨어요. 그 분은 APNTS의 영적인 어머니와 같은 분이셨어요.

미드레드 깁슨, 네바 비치, 그리고 죠 에드린과 같은 분들도 늘 병실에 찾아 오셔서 집사람에게 필요한 것들을 물으셨어요. "성인용 패드가 필요해요?", "뭐 드시고 싶은 거 없으세요?" 그 분들은 오실 때마다 한 개씩 한 개씩 우리가 필요한 모든 것들을 들고 오셨어요. 집사람과 함께 병실을 지키는 당번을 정해서 찾아 오시기까지 했어요. 덕분에 집사람이 혼자였던 시간은 없어요. 에드린 교수님은 자정에 캠퍼스의 모든 학생들을 불러서 채플시간에 저를 위한 특별 기도회를 열었다는 이야기도 들었어요. 그 분들의 소중한 기도로 하나님께서 저를 낫게 해 주셨지요.

죠 에드린선교사의 희생적 사랑도 빼 놓을 수가 없어요. 절대로 잊지 못할 거예요. 당시에 APNTS 간호사였는데 지금은 저희와 아주 특별한 친구가 되었어요. 그 분이 첫 번째 수술 후에 저의 육체적 고통을 옆에서 끝까지 보살펴 주신 분이세요.

1차 수술 후 2차 수술을 기다리며 집에서 요양하고 있을 때, 두 분의 한국 사모님들이 저를 찾아오셨어요. 그들은 "형제님, 저희가 어젯밤 기도를 하는데 하나님께서 저희에게 형제님이 죄를 회개해야 한다고 말씀하셨어요. 당장 회개하지 않으면 두 번째 수술이 끝나도 살아 날 수 없을 것이라고 말씀하셨어요. 모든 병이 형제님의 죄로 인한 것이니 어서 회개하셔야 합니다." 이 말을 듣는 저는 정말 고통스러웠어요. 그들은 고통스런 욥을 찾아와 몹쓸 말을 했던 욥의 친구들과 같지 않은가 생각도 했어요. 하지만 저는 그냥 "기도해 주셔서 감사합니다" 하고 말하고 돌려 보냈어요.

그때 옆에서 계셨던 어머니는 "아니, 어떻게 그런 말을 할 수가 있는 거냐? 나는 도저히 이해할 수가 없다." 하고 말씀하셨어요. 그 분들이 내게 던진 말은 나를 또 다시 죽이는 것과 같은 고통으로 다가왔어요.

그 뒤 약 4개월 뒤에 그 두 분 중에 한 사모님께서 다시 저를 찾아 오셔서 용서를 구하셨어요. "형제님, 정말 죄송해요. 그 때는 제가 영적인 교만에 빠졌던 것 같아요. 용서해 주실 수 있겠어요?" 저는 그 분을 용서했어요. 또 다른 사모님은 저에게 사과 한 마디 없이 그냥 한국으로 귀국하셨어요.

일차 수술 후에 저는 제 자신을 위해 기도했어요. 그리고 나서 이상하게 2차 수술 없이도 하나님께서 저를 완전히 고쳐 주실 거라는 확신이 들었어요. 그래서 페어뱅크스 학장님께 "하나님께서 저의 기도를 들어 주실 거예요. 저를 꼭 낳게 해 주실 거예요."

학장님께서는 "김 목사, 지금 기분이 어떨 지 충분히 이해하네. 병원비 때문에 부담도 크겠지. 하지만, 우리 나사렛교단을 비롯해 여러 나라 교회들에서 자네를 위해 기도하고 있네. 우리가 도와줄 거야. 그러니 이 수술은 꼭 받아야 해. 그렇지 않고는 자네는 살 수가 없어."라고 말씀하셨어요.

하지만 저는 계속해서 학장님께 졸랐어요. "아니에요. 하나님께서 저를 고쳐 주실 거라 믿어요. 아니요, 벌써 고쳐주신 것 같아요. 그러니까 2차 수술은 필요가 없어요." 그러자 의사들은 본인이 그렇게 확신한다면 몇 가지 검사를 해 보자고 했고 저도 그러자고 했어요.

에드린 교수님은 검사를 위해 학교에서 2시간 30분이 걸리는 중국인 병원에 데려다 주셨어요. 그런데 병원으로 가는 길에 저는 환상을 보았어요. 제 머리 뒤쪽에서 두 개의 핏줄기가 빠져 나오는 것을 보았어요. 핏줄기들은 내 손만한 크기였어요. 그 환상은 정말이지 아주 또렷했어요. 저는 에드린 교수님께 소리쳤어요. "환상을 보았어요. 두 개의 핏줄기가 제 머리 속에서 나왔어요." 그러자 교수님은 이렇게 대답하셨어요. "김 목사, 그게 사실이라면 정말 좋겠군."

도착한 병원의 의사선생님께서는 실망스런 말씀을 해 주

셨어요. "제 생각에는 다른 검사들은 필요가 없을 것 같군요. 종양은 아직도 그대로 있어요." 하지만 저는 계속 우겼어요. "아니에요. 종양은 벌써 없어졌다고요. 하나님께서 다 치유해 주셨어요." 저는 정말로 하나님께서 다 고쳐 주셨다고 확신하고 있었어요.

그리고 나서 검사를 받았어요. 두 명의 의사선생님께서 저에게 여러 장의 엑스레이사진을 보여 주시면서 검사 결과를 설명해 주셨어요. "김 목사님, 이 사진들을 보세요. 종양이 확실해요. 이거 보이시지요? 종양이 아직도 그 자리에 있다는 것이 너무도 확실해요. 여기에 있다고요, 목사님의 종양이요. 다른 방향에서 찍은 사진도 보세요. 여기도 마찬가지예요. 아직도 우기시겠어요?"

이쯤 되자, 선생님 저는 그냥 울어 버리고 말았어요. '도대체 내가 본 환상은 무엇이란 말인가?' 나중에 생각해 보니 아마도 그 환상은 1차 수술 중에 봤던 장면이 아닌가 싶었어요. 수술 후에, 오른 쪽 발에 극심한 통증이 생겼어요. 의사들은 아마도 제가 수 년 전에 앓았던 소아마비 때문일 거라고 설명해 주었어요. 그 고통은 누군가가 내 발을 못이나 칼로 뚫는 것 같은 고통이었어요. 너무나 고통스러워서 어찌할 바를 몰랐어요. 그래서 9개월 동안 진통제를 복용했어요. 의사들은 진통제 사용에 있어서 아주 조심하지 않으면 중독이 될 수도 있다고 말했어요. 하지만 복용하지 않을 수가 없었어요. 진통제가 없으면 도저히 살 수가 없을 것 같았어요.

어느 날 집사람이 외출하고 저 혼자 집에 있었어요. 저는 간호원인 죠 에드린에게 주사를 놔 달라고 했어요. 수 스털츠도 그녀와 함께 왔어요. "윤리적인 지주 (moral support)로서 도움을 주러 왔지요." 그녀는 웃으면서 말했어요. 그런데 저는 그 소리가 좀 이상하게 들렸어요. 팔뚝에 주사 한 대 맞는데 윤리적이고 비윤리적이고 할 문제가 없지 않나 생각했죠. 엉덩이에 주사 맞는 것도 아닌데 말이지요. 왜 그분들이 윤리적인 지주라는 말을 했는지 나중에야 알게 되었어요. '정신적 지주'라는 의미로 그 영어적 표현이 한국어에서와는 다르게 쓰인다는 걸 말이에요.

발의 통증 때문에 여러 의사들을 만나러 다녀야만 했어요. 수족 전문의사들을 찾아서요. 그 중 한 의사는 저에게 전기충격요법을 권했어요. 그 분은 제 등뼈와 다리에 주사바늘을 꼽고 나서 전기치료 장치를 연결시켰어요. 그리고 온 몸에 전기 충격을 보내는 데 거의 6시간이나 걸렸어요. 제 발의 통증의 원인을 찾느라 컴퓨터로 연구한 내용이 장장 6페이지나 되었어요.

다음날, 의사 선생님은 이렇게 말씀하셨어요. "환자분의 통증의 원인이 어디에 있는 지 찾았어요. 바로 등쪽에서 오는 거예요. 그래서 제가 여쭈어 봤어요. "그럼, 이 문제를 어떻게 해결할 수 있나요?" 의사의 대답은 이러했어요. "이제 원인과 발생 장소를 알아 냈으니 치료할 수 있을 거예요."

그러나, 문제는 결국 해결되지 않았어요. 저는 통증으로 계속 괴로워했고 전기충격은 통증을 사라지게 하지 못했어요 그리고 나서 저는 침을 놓으시는 한의사 김선생님을 만나기로 했어요. 한국인 친구가 소개 시켜주신 분이었어요. 그 의사는 제 손과 몸 여기 저기를 만져 보시더니 "환자분 통증은 엉덩이 위쪽 등에서 오는 거예요." 하고 말씀하셨어요. 저는 큰 소리로 웃고 말았어요. "지난 번 의사는 통증의 원인을 찾는 데만 6시간 동안 전기충격을 사용했는데 선생님은 제 손과 몸을 만져보시기만 하고 바로 원인을 찾으셨네요!"

바로 이 선생님께서 저의 진통제 투입을 멈추게 해 주셨어요. 침을 맞고 약 2달 후 진통제는 더 이상 쓰지 않게 되었어요. 정말 감사한 일이었죠.

임향숙 선교사는 남편의 힘겨운 병고에 대해 이렇게 쓰고 있다.

저는 날마다 눈물로 기도 드렸어요. "주님, 남편을 제발 다시 일으켜 주세요. 그를 주께 바칩니다. 모든 것을 주님의 손에 드립니다. 그러니 제발 살려주세요."

그 누가 제가 얼마나 많은 눈물을 흘렸는지 알까요? 타국 땅에서 살아 온 시간 중에 가장 힘든 시간이었어요. 하지만 한번도 혼자인 적은 없었어요. 하나님께서는 저에게 기도의 동반자들을 항상 붙여주셨어요. 그들은 한국에 있는 가족과 친척들보다 더 가까운 곳에서 더 진실한 마음으로 저를 지켜 주셨어요. 그 분들은 저의 영적인 형제 자매들이기에 저희들을 정말 잘 보살펴 주셨어요. 저희들을 사랑해 주셨고 경제적으로도 많은 도움을 주셨어요.

늘 주변에서 도와주시던 많은 분들 중엔 특별히 페어뱅크스 학장님 부부와 에드린 교수님 부부가 계세요. 그 분들은 저의 기도 동반자들이며 그들의 사랑은 절대로 잊지 못할 거예요. 저는 APNTS의 훌륭한 학자들이며 교수님들이신 이 분들의 리더십으로 인해 하나님께 감사 드려요. 지금은 페어팽크스 학장님은 미국 마운트 버논 나사렛대학의 학장으로 계시고 에드린 교수님은 중미 나사렛대학에서 가르치시지요.

이 선교사님들의 아름다운 크리스찬의 삶의 모습을 통해 저는 많은 것들을 배웠어요. 그 분들은 저희에게 믿는 자의 삶이 어떤 것인지를 삶으로 보여 주셨어요. 앤 페어뱅크스 사모님으로부터도 목사 사모의 역할이 어떤 것인지도 많이 배웠고요. 저에게 어려운 일이 있을 때마다 난관을 어떻게 극복할 것인가에 대해 알려 주셨어요. 매일 병실에 찾아 오셔서 묵상하신 내용을 함께 나누어 주셨어요. 페어뱅크스 사모님은 학장님께서 학교 홍보 차 외국에 출장을 다니실 때마다 캠퍼스를 홀로 지키실 때가 많았지만 그래도 그 때마다 저에게는 영적인 어머니와 같은 역할을 해 주셨어요. 저에게는 정말로 잊을 수 없는 대단한 용기가 되었죠.

또한 죠 에드린 사모님을 만나게 된 것도 저는 정말 하나님의 은혜라고 생각해요. 그 분은 정말 타고난 간호원이시고 저한테는 큰 언니 같기도 했어요. 남편이 병원에 입원해 있는 동안, 제가 울고 있을 때면 언제나 제 곁에서 같이 울어 주시던 분이에요. 정말 낙심하고 용기를 잃었을 때도 제 상처와 무너진 가슴을 따스히 안아 주시던 분이지요. 남편이 수술을 받았을 때도 에드린 사모님은 제 곁에 계셨어요. 제 영어가 부족한 것을 잘 아시고 저 대신에 의사들을 만나주셨어요. 모든 검사 과정 중에도 항상 저와 함께 계셨어요. 그 때에는 그 분들이 저희 가정만 위해 특별히 마음을 써 주시는 줄 알았어요. 하지만 그 분들이 APNTS를 떠나신 후에야, 그분들의 도움을 받으신 분들이 여럿 계시다는 걸 알게 되었어요. 그 사랑, 보살핌, 관심, 그리고 그 눈물들은 아름다운 크리스찬의 삶 그 자체인 것 같아요. 그 분들에게서 그것들을 배웠죠. 남편의 1차 수술 후에 복음성가 가수 샌디 패티가 필리핀에서 콘서트를 열었어요. 에드린 사모님은 학생들과 콘서트에 참석했었어요. 그 다음 날, 병실로 샌디 패티의 노래 테이프를 몇 개 가지고 오셨어요. 전기 코드를 이용할 수가 없어서 건전지를 가지고 오셨어요. 사모님은 콘서트 첫 곡부터 마지막 곡까지 내내 제 생각을 멈출 수가 없으셨대요. 노래에 담긴 메시지는 마치 저를 위해 만든 것 같았어요. 죠 에드린은 정말 제 큰 언니 같은 사람이에요.

하나님께서는 저희에게 좋은 의사들을 보내 주셨고 전세계 나사렛교회들에서 특별 헌금을 보내 주셔서 병원비도 모두 충당이 되었어요. 그러한 사랑과 관심, 기도들을 통해 하나님께서는 남편을 다시 일으켜 주셨어요. 저는 "할렐루야"를 외쳤어요. 우리는 모두 예수님의 사랑에 빚진 자들이며 이제는 그 사랑을 나눌 때 인 것 같아요. 항상 받기만 했으니 이제 다른 이들에게 나누어야지요….

페어뱅크스 학장과 교무 처장이셨던 에드린 교수는 학교 미래의 계획의 일환으로 하루라도 빨리 동남아 출신의 교수들을 키워 내는 계획을 세우고 있었다. 그들은 김 성갑 목사에게서 APNTS 교수로서 장기간 섬길 수 있는 가능성을 보고 있었다. 병원에서 퇴원 한 후 졸업을 마치자, 학교에서는 김 목사에게 마닐라에 위치한 Asia Graduate School of Theology (아시아 신학대학원)라는 학교에서 성서학 전공으로 신학석사를 해 볼 것을 추천했다. 김 목사는 그 학교에 무사히 합격하였으나 병으로 인해 첫 번째 학기를 놓치고 말았다. 건강을 회복한 한참 후에야, 그는 필리핀 바기오시에 있는 PBTS (필리핀 침례 신학대학원)의 박사과정에 입학하였다. "우리는 김 목사가 박사 과정을 마치면 APNTS에서 강의를 시작할 수 있는 가능성을 보고 있습니다." 페어뱅크스 학장은 김 목사의 박사과정 입학 후 이렇게 말하였다.

6. 마닐라시 빈민지역에서의 구제사역

김성갑 목사는 APNTS에 입학한 지 얼마 지나지 않아 1984년에 마닐라 시내의 빈민지역인 톤도에서 사역을 시작하였다. 그 당시에는 자원봉사 사역자였다. 김 목사가 톤도지역에 사역하면서 그 지역의 한인 교회의 도움과 함께 APNTS는 톤도에 사역을 시작하게 되었다. 사역의 일부분은 마닐라 북쪽 항구에 바다를 매꾸어 만든 땅인 이 지역의 보건소를 돕는 일이었다. 그 지역의 크리스찬들은 두 개의 방을 보건소로 내주었다. 김 목사는 편지에서 톤도 사역에 대해 이야기했다.

라프바움 선생님:

동양 의료 선교 협의회에서는 지난 1987년 4월에 마닐라 빈민 지역인 톤도에 저를 한국 선교사로 파송을 했어요. 저는 하나님께서 저를 필리핀에 부르신 이유가 학업뿐 아니라 앞으로의 사역을 위한 준비를 하라고 부르셨다고 믿어요. 출판 선교뿐 아니라 구제 사역에도 훈련을 받아야지요. APNTS의 미국 교수님들을 포함해서 한 30명쯤 되는 사람들이 마닐라 시내의 빈민촌인 톤도의 의료 선교에 참석하고 있어요. 이곳에는 약 2백만명의 사람들이 아주 가난하게 살고 있어요. 하지만 그들이 예수님을 구주로 영접하고 나면 아주 달라지지요. 하나님께서 이곳에서 많은 기적들을 행하셨어요. 저는 이곳에서 아시아 사람들을 섬기는 것이 정말 행복해요.

선생님, 이 특별한 사역을 위해 기도 부탁드릴께요. 빈민촌이기도 하고 또 이 지역의 공산당인 NPA (신인민군)때문에 가끔은 좀 위험하기도 해요. 지난 1988년 1월에 두 명의 독립교회 교인들이 NPA에게 의해 죽임을 당했어요. 그 곳은 제가 늘 방문하여 사역하던 곳인데 그 날 따라 제가 가지 못하고 제 친구 목사가 예배를 인도를 하고 있었는데, 그날 NPA가 총을 들고 나타났었대요. 톤도를 위한 또 다른 기도 제목은 이 지역의 술과 마약의 퇴치를 위해서예요. 다음 편지에서 더 많은 이야기를 나눌께요. 안녕히 계세요.

선생님의 절친한 친구인, 김 성갑 드림

다음 편지에서 김 목사는 초반부와 후반부의 톤도 사역에 대해 적었다.

제가 처음 톤도에서의 사역에 대해 사람들에게 이야기 하자 그들은 깜짝 놀라면서 모두 제게 경고 했어요. 이야기를 듣는 사람들마다 경고를 했죠. "거기는 진짜 가난하고 위험한 곳이에요. 아주 악명 높은 곳이라고요."

몇 년 전에 한 범죄자가 도주를 했고 경찰이 그를 쫓은 일이 있었다고 해요. 범죄자는 톤도로 들어오는 다리를 건넜어요. 그러자 경찰은 더 이상 쫓아 오지 못하고 멈춰야 했죠. 만약 이 경찰이 계속 추격한다 해도 이미 다리를 건너 톤도로 들어 온 이상, 도리어 본인들이 습격 당해 죽음을 면치 못할 것을 알고 있었던 거죠. 그래서 나중에 교황이 이 지역을 방문하기 이전까지는 경찰들도 이 곳을 범접하지 못했었어요. 교황이 톤도를 방문해서 그 땅 위에 머리를 숙여 입을 맞춘 후에는 상황이 훨씬 낳아 졌어요.

저의 톤도 사역을 두고 걱정하는 APNTS 친구들에게 저는 이렇게 말했어요. "나는 톤도가 어디에 있는지, 어떤 곳 인지, 그 뿐 아니라 어떻게 다녀야 하는 지도 잘 아네." 친구들은 저를 한사코 말렸어요. "자네가 왜 그곳에서 굳이 사역을 해야 하는 지 알 수가 없네. 왜 자신의 삶에 위험을 거는 거야? 사역을 그만 두게. 그 곳은 자네에게 위험해. 그들은 범죄자들이야. 그들에게 죽임을 당하고 말거야." 그래서 저는 물었죠. "자네들도 그곳에 가 본적이 있나?" 사실 그들은 그 곳에 가보지도 못한 채 저에게 경고를 하고 있었죠.

하지만 선생님, 톤도에 있는 사람들은 참 좋은 사람들이에요. 그들이 제가 제 삶을 그들을 위해 희생한다는 것을 알고는 저를 진심으로 도와주고 용기를 주기 시작했어요. 그들은 참 아름다운 사람들이에요, 아주 단순하지요. 우리가 복음 전파를 하려고 한다는 걸 알면, 그들은 특별한 사랑으로 대해주어요. 저는 톤도에서 그 사랑을 경험했어요.

저는 또 워크샵을 돕기도 했어요. 참석할 사람들을 모아서 의료 봉사를 할 수 있도록 훈련시키는 일이에요. 우리는 그들의 훈련을 돕기 위해 의사와 간호사의 손길이 필요했지요. 두 분의 치과 의사 최 장완 선교사와 제로메 빌라론 나사렛 선교사, 그리고 역시 나사렛 선교사이신 마리에타 밀라론과 비반 에드로조라는 의사선생님들이 도와 주셨어요. 그 분들이 필요한 약품들을 적어 주시면 저는 마닐라에 나가서 구입해 왔어요. 저는 약품을 조금이라도 더 구입하려고 늘 가격을 싸게 흥정했어요. 총 3년 이라는 기간 동안 톤도의 의료 사역에 참여 하였는데 뇌 수술을 받은 후 목발을 짚고 있을 때에도 그곳에서 봉사 했어요.

선생님, 그 일이 구체적으로 어떻게 진행이 되었는지 말씀

드릴께요. 진료소에는 8개의 테이블이 있었어요. 첫 번째 테이블은 입구 역할을 했어요. 그 곳에서 사람들은 치료에 앞서 필요한 기본정보들을 적었어요. 이름, 나이, 성별, 종교, 주소 같은 것들 말이에요. 두 번째 테이블은 '의사 테이블'로 두세 명의 간호원들이 혈압과 체온을 재는 곳이었어요. 의사선생님들은 환자를 진료하고 필요한 조치를 취했어요. [APNTS의 교수 로날드 비이치는 제 3번 테이블인 '비타민 테이블'에 앉아 있었다. 그는 그 사역에 대해 이렇게 말했다. "나는 또 다시 3번 탁자인 비타민 테이블에 앉도록 배정이 되었다. 내 기분은 묘했다. 대학원 교수가 하는 일이 겨우 비타민 30알을 세어서 봉투 안에 넣어 나누어 주는 일이라니 하는 생각이 들었다." ("이 지극히 작은 자에게…" 나사렛 세계 선교지 1988년 12월호에서 발췌]

4번 테이블은 기침, 감기 코너였어요. 우기와 태풍이 와도 밤에 덮을 이불이 없어서 많은 사람들이 감기에 걸렸어요. 이 테이블에서는 기침 시럽, 협청제, 알약, 그리고 어린이 시럽등을 나누어 주는 일을 했어요. 우리는 이 곳에 앉은 사람들에게 무슨 약을 얼마의 양만큼 씩 분배해야 하는 지 교육했지요. 5번 테이블에서는 해충 테이블이었어요. 선생님, 이 지역 사람들은 쓰레기 더미에서 살면서 신발을 신을 형편도 되지 않기 때문에 많은 사람들이 해충에 감염되기가 쉬워요. 톤도는 여기 저기에 쓰레기가 널려져 있거든요. 그래서 저희가 톤도에 처음 들어 갔을 때 쓰레기 냄새가 그렇게 코를 찔렀던 거예요. 5년 전쯤 사람들이 이 쓰레기들을 모아 왔을 때 겨우 5페소 (당시 50센트) 정도의 돈을 받았다고 해요. 6번 테이블은 설사 담당이었어요. 이 곳 사람들은 돈이 생기면 먹을 것을 사지 물을 끓여 먹을 수 있는 연료를 사지 않기 때문에 그런 물을 먹은 사람들은 설사병에 잘 걸려요. 7번 테이블은 피부병 환자를 위한 테이블이었어요. 우리는 환자들에게 이 곳에서는 아주 비싸게 구입해야 하는 항생 연고들을 발라 주었어요.

마지막인 8번째 테이블은 기타의 다른 병들을 위한 곳이었어요. 고혈압이나 저혈압, 천식, 장티푸스와 같은 병들 말이에요. 특히나 장티푸스 같은 병은 의사의 처방이 있어야만 환자가 약을 탈 수가 있었지요. 이 모든 테이블에서 환자에게 약을 내어 주거나 치료를 해 줄 때에는 반드시 환자에게 손을 얹고 기도를 먼저 해 주었어요. 우리는 눈물로 기도 했으며 그들은 그런 우리의 기도와 희생에 깊게 감동을 받았어요.

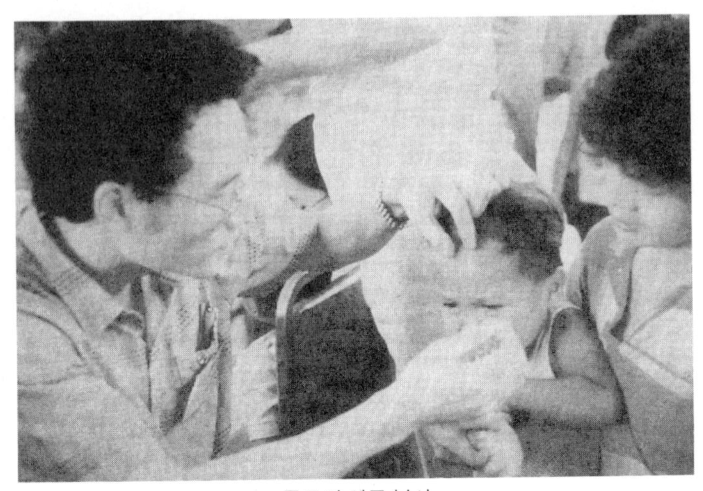

톤도의 의료 봉사

선생님, 저는 톤도에서 몇 번의 기적을 경험했다고 말씀드렸었지요. 그 중에 한 가지만 말씀드릴께요. 진료소에 어떤 여자 환자가 찾아 왔는데 왼쪽 위가 많이 부어 있었어요. 그 분은 약을 달라고 했어요. 영양 실조 때문이라면서 두 달 전에는 훨씬 더 심했는데 약을 복용한 후 나아졌지만 이젠 더 이상 약을 살 돈이 없다고 했어요. 의사 선생님들은 검사를 해 보더니 지금 당장 수술을 받지 않으면 죽을 지도 모른다고 했어요. 하지만 그 분은 수술 받을 돈이 없었어요. 저는 젊은

이들을 모두 불러 모았어요. 제 주머니 속엔 이 일꾼들에게 맥 도날드 햄버거 하나씩을 사 줄 수 있는 돈 500페소 (당시 25불)이 있었어요. 저는 그들에게 이 상황을 설명하고 물었어요. "어떻게 하면 좋겠습니까?" 그들은 모두 한끼를 굶기로 하고 이 돈을 그 환자의 수술을 위해 쓰는 데에 마음을 모았어요. 그래서 그 분을 톤도 종합병원으로 데리고 갔어요. 수술비와 병원 사용료가 얼마 나온 줄 아세요? 정확히 500페소였어요! 이 병원은 저렴한 곳이었거든요. 마닐라에서였다면 4000페소도 더 나왔을 거에요. 그 수술을 받고 환자는 병이 깨끗이 낳았어요. 그 다음 톤도 방문 때 그 분이 진료소에 나타나셨어요. 저는 그 분을 전혀 알아 보지 못했어요. 너무나 예뻐지셨기 때문이에요. 그 분은 제 손을 잡고 울음을 그치지 못하셨어요. 따갈로그 말로 "감사합니다. 감사합니다, 선생님" 하고 말을 맺지를 못하였어요. 그리고 후에 톤도 교회의 아주 열심이신 교인이 되었어요. 한번은 톤도에서도 가장 악조건인 동네에 초대를 받았어요. 그 안에 들어가면 길을 잃어 버리기가 쉽지요. 식탁만한 크기의 작은 집들이 옹기 종기 모여 있거든요. 집의 벽들은 나무판자도 아닌 플라스틱 조각들이에요. 그 곳을 방문 했을 때 한번은 음식을 대접받은 적이 있었어요. 밥하고 비린 내가 지독한 말린 생선과 국이었어요. 숫가락이나 포크도 없었어요. 밥을 손으로 오물 조물 잡아서 국에 말아 생선과 함께 먹었어요. 제가 그들을 진정으로 사랑한다는 것을 알리고 싶었기에 그렇게 할 수 밖에 없었어요. 제가 그들과 함께 손으로 식사하는 것을 보자 그들은 저에게 "목사님, 저희들을 정말로 사랑하시는군요."하고 말했어요. 저는 그날 집에 돌아온 후 일주일도 넘게 설사를 했어요. 그 시간들을 절대로 잊지 못할 것 같아요.

하나님께서는 저에게 톤도 감옥에서도 사역할 기회를 주셨어요. 그 곳에서 성경공부를 시작했어요. 필리핀의 큰 이단 교단 중 하나인 이글레시아 니 크리스토에서도 성경공부를 진행하고 있었어요. 그들은 성경공부 시간에 빵을 가져와 나눠주곤 했어요. 하지만 저희는 빵을 살 돈이 없었지요. 나중엔 그 그룹과 또 가톨릭 신자들도 우리 성경 공부에 참석하기도 했어요. 한번은 감옥에 투옥되어 있던 두 젊은이가 일거리를 찾는다고 했어요. 톤도에서는 일을 구하기가 무척 어렵거든요. 그런 멀쩡한 젊은이들이 감옥에 오게 된 건 참 이상한 일이었죠. 감옥에서 일하던 한 직원이 그들을 저에게 보냈고 저는 그들에게 함께 기도하고 주님이 어떻게 이끌어 주시는 지

보자고 했어요. 후에 그들 중 한 명을 톤도 교회의 관리자로 고용을 했어요. 투옥기간이 지나고 두 젊은이들은 출소하게 되었어요. 그리고 그들은 크리스찬이 되었어요. 저는 그들을 불러서 물었어요. "도시에 있는 감옥으로 다시 돌아가겠소?" 그들은 제 말에 좀 기분이 상했어요. "뭐라구요? 어떻게 그렇게 말씀하실 수가 있으세요? 저희는 금방 출소했다고요." 그래서 저는 그 이유를 설명했어요. "우리는 지금 그 곳에서 성경공부를 하고 있어요. 그런데 도움이 좀 필요해요. 두 사람이 우릴 도와 주길 원한다면, 예수님을 믿은 후에 삶이 얼마나 아름답게 변화했는지 그들에게 보여 줄 수 있지요. 감옥 주변에서 쓰레기를 모아서 팔면 용돈을 벌 수 있을 거예요."

그들은 성경 공부에 와서 우리를 도와주었어요. 친구들은 두 사람의 변화된 삶을 보고 예수님을 믿게 되었어요. 정말 기적이었어요! 저희는 톤도 정신병원에서도 사역을 시작했어요. 저의 친구인 필립 갤리가 성경공부를 이끌었어요. 그는 저와 아주 친한 친구이고, 기적의 사람, 또 하나님의 사람이지요. 그는 그 성경공부에 저의 도움을 청했어요. 그 정신병원을 방문한 첫 날이 지금도 또렷이 기억이 나요. 제가 이층으로 올라가자 마자 간호원은 이층 안쪽에서 문을 잠가 버렸어요. 저는 그 순간부터 겁이 덜컥 났죠. 그래서 간호원에게 물었어요. "왜 문을 잠그셨어요? 도대체 왜요?" 간호원은 대답했어요. "왜요, 겁이 나세요?" 저는 정말 무섭다고 사실대로 말했어요. "만약에 환자들이 힘을 합쳐 저를 공격하면 어떻게 하죠?" 그러자 간호원은 대답했어요. "목사님, 이 정신병 환자들은 자기들끼리 힘을 합쳐 누군가를 해친다는 게 절대로 불가능해요. 서로 싸우는 건 자신들의 정신적 문제 때문이지만 절대로 뭉치지는 못해요. 걱정 마세요."

어떤 여자 환자들은 제게로 와서 껴안으며 자신들의 얘기를 좀 들어 들라고 했어요. 우리의 관심을 받고 싶어했어요. 필립은 성경공부 시간에 저를 소개했어요. "오늘은 제 친구가 왔어요. 김성갑 형제님이에요. 지금 신학 석사과정 졸업반이에요. 학자이지요. 물어보고 싶은 게 싶으면 걱정 말고 오늘 다 물어보세요. 제 친구가 무엇이든 답해 줄 거예요." 선생님, 사실 좀 걱정이 되었어요! 필립의 한 손에는 가톨릭 성경, 다른 한 손에는 개신교 성경책이 쥐어 있었어요. 그는 성경 구절도 엄청 많이 외우고 있었지요. 성경에 대해 저보다 아는 것이 훨씬 많았지만 그는 그저 평신도였어요. 저는 그에게 무척 감동을 받았어요. 그 환자들의 질문은, 와, 정말로 너무나 어려운 수준이었어요. 환자들 중 몇 명은 신학대학원 출신들이 있었거든요. 그들이 질문을 던지자, 필립은 "김성갑 형제님이 질문에 답해 주실 거에요."하고 말하는 거예요. 저는 당황해서 "필립 형제님, 죄송해요. 다음 수요일에 와서 대답하지요. 오늘은 휴식을 좀 주세요." 라고 말 할 수밖에 없었어요. 선생님, 솔직히 말씀 드리면요, 필립이 나눈 성경 말씀 중에는 제가 한번도 들어 보지 못한 이야기들도 몇 있었어요. 그날 던져진 질문들에 대답하지 못한 제 자신이 정말 부끄럽고 당황스러웠어요.

환자들이 제가 다리를 저는 것을 보자 왜 그런지 물었어요. 그래서 저는 "다음주에 꼭 오세요. 제 간증을 나누도록 하겠습니다."하고 다음 시간을 기약했지요. 그래서 그 다음 성경공부시간에는 왜 다리를 절게 되었는지 그리고 하나님께서는 그 다리를 어떻게 다시 일으켜 주셨는지 대해 이야기 했어요. 강대상에서 간증을 마치고 내려오자 마자 자리에 앉아 계시던 분이 제게 와서 똑 같은 질문을 다시 했어요. "왜 다리를 절게 되셨나요?" 환자들 중엔 제 간증 내용을 알아 들으신 분들도 계셨고 못 알아들으신 분들도 계셨던 거예요. 그 정신병원에서의 사역은 저에게 정말 뜻 깊은 경험이었어요. 모두 필립 형제 덕이었죠. 그는 정말 놀랍고도 아름다운 크리스찬의 삶을 제게 보여주었어요.

선생님, 하나님께서 이 모든 사역들을 통하여 저에게 놀라운 은혜를 베풀어 주셨어요. 정말 많은 승리를 보았어요. 하지만, 제 마음 속엔 늘 승리만 존재했던 건 아니에요. 첫째로, 긍정적 모습의 사역자와 부정적 모습의 사역자의 예가 있다고 말씀 드리고 싶어요. 사람들은 모두 재능 있고 성공적인 사람을 따르고 싶어하지요. 필립은 긍적적인 모습의 본보기에요. 선생님, 저는 대부분의 경우 부정적 모습의 예였어요. 저는 실패할 때가 많고, 또 연약해요. 잘못된 태도를 가진 때도 많았어요. 톤도의 빈민가에서 사역할 때에도 저는 잘못된 동기와 태도를 가진 때도 있었어요. 하지만 저는 저의 잘못된 모습들 조차 주님께서 사용해 주시기를 기도했어요. 사람들이 그런 저를 통해 배우되 저의 모습을 닮지는 않기를 기도했어요.

7. 필리핀 침례교 신학 대학원 (PBTS)

임향숙 선교사는 PBTS에서의 삶에 대해 이렇게 썼다. APNTS를 떠나던 날 제 품에는 어린 딸 혜진이가 있었어요. 남편은 이미 바기오에 가 있었어요. 남편은 혼자서는 차를 타고 여행을 할 수가 없었기에 학교 신입생 오리엔테이션을 참석하기 위해 친구와 함께 먼저 떠났지요. 저는 남은 짐을 모두 차에 실었어요. 비가 오는 날이었어요. 10명도 넘는 한국인 학생들이 배웅을 나왔어요. 함께 서서 저희 가족을 위해 기도 해주었어요. 저는 기도 내내 울었어요. 갑자기 이제는 정말 친구들을 떠나서 이 이국 땅에서 또 다른 새로운 도시로 옮겨 생소한 삶을 시작하는구나 하는 생각이 들었어요. 지금 가는 곳이 바기오가 아니라 한국이라면 얼마나 좋을까 생각했어요. 4년 전 필리핀에 온 후로 한번도 고국을 본 적이 없었거든요.

하지만 남편은 신체적 결함에도 불구하고 바기오에서 박사과정에 입학하기 까지 어려운 과정들을 모두 겪어야 했어요. 많은 사람들이 말렸지만 우리는 그것이 하나님의 뜻이라는 걸 알았어요. 친구들의 걱정과 충고에도 불구하고 남편은

"여러분의 기도와 관심에 감사 드려요. 하지만 하나님께서 제가 해야 할 들이 무엇인 지 확실하게 보여 주셨어요."하며 확고한 의지를 보였어요.

몇 주전에도 APNTS에서 함께 공부했고 기도 동역자였던 김 병기선교사가 남편이 입학 시험을 무사히 치를 수 있도록 바기오로 함께 데리고 와서 시험 중에도 옆에서 보필해 주었어요. 남편은 목발을 집고 있었고 안진증 (뇌신경 장애로 인한 안구 떨림)으로 잘 볼 수가 없었어요. 김 선교사는 정말로 남편의 손과 발이 되어 주었어요. 시험은 아침부터 저녁까지 계속 되었어요. 남편은 영어와 신학과목, 그리고 다른 8과목의 시험을 더 치루어야 했어요. 그는 여지껏 본 시험 중에 가장 어려운 시험이었다고 말했어요. 그는 끝까지 시험을 마쳤고, 며칠 후에 학교로부터 시험에 합격했으니 박사과정에 입학해도 좋다는 연락을 받았어요.

그리고 이젠 저도 남편과 만나기 위해 바기오로 발걸음을 향하고 있었지요. 그것이 하나님의 계획이었어요. 친구들이 저를 위해 기도해 줄 때, 저는 우리를 위한 APNTS 친구들의 관심과 사랑, 그리고 무엇보다고 하나님의 사랑에 대해 생각했어요. 저는 마음 속으로 이렇게 기도했어요. "주님, 저는 이

제 바기오로 떠납니다. 새로운 삶과 새로운 도전이 제 앞에 있습니다. 주님이 저에게 무엇을 원하시든 무엇을 시키시든 그것을 따르도록 최선을 다 할거예요." 저는 우리를 이끄시고 미래를 보여주시는 주님이시기에 그 분에게 모든 것을 다 드렸어요.

김성갑 목사는 PBTS의 삶에 대해 이렇게 말했다.

저는 목발을 집고 있었어요. 비가 내릴 때마다 저는 손이 네 개가 필요했어요. 두 손은 목발을 지고 한 손은 책을, 또 다른 한 손은 우산을 들어야 했으니까요. 비가 올 때마다 (이 곳은 비가 자주 내려요), 제 발의 통증과 두통이 더 심해져요. 시력도 정말 심각해 지고 있었어요. 눈을 한 곳에 집중하기가 힘들어서 책 읽기가 무척 어려웠어요. 선생님도 아시지만 박사 공부는 책을 많이 읽어야 하잖아요. 구약학은 저의 전공분야라 과목마다 정말 흥미로왔어요. 하지만 그리이스어나 히브리어는 제겐 좀 어려웠어요.

저는 학교에서 공부할 때 그리고 후에 바기오에서의 사역에서 때때로 절망에 빠지곤 했어요. 그때마다 저에게 용기가 되었던 힘이 무엇인 지 아세요? 저의 소중한 아이들이었어요. 하나님께서 저희에게 자녀들을 선물로 주셔서 필리핀에서 생활할 때 사랑을 베풀어 주셨어요. 혜진이는 저희가 마닐라에 온 지 2년 후인 1986년 4월 12일에 태어났어요. 아들 바울이는 1990년 5월 28일 바기오에서 태어났고요.

혜진이는 이제 곧 다섯 살이 되요. 필리핀에서 태어났지요. 하지만 영어와 한국어 모두 다 잘해요. 혜진이가 나중에 자라서 음악을 통해 주님의 사역에 봉사할 수 있기를 기도하고 있어요. 혜진이는 기도를 참 잘해요. 제가 통증으로 힘들어 할 때마다 혜진이는 정말 제게 용기를 주었어요. 제가 기숙사에서 고통의 신음소리를 내며 "아빠가 많이 아프구나" 하면 혜진이는 "제가 아빠 옆에 있을께요" 하며 두 손을 제 발에 얹고 눈물로 기도를 해 주었어요. "예수님, 아빠의 고통을 고쳐 주세요." 기도가 끝나면 꼭 제게 물었어요. "아빠 지금은 좀 어때요?" 저는 "와, 아픈 게 다 없어졌네. 이제 괜찮아."하고 말할 수 밖에 없었어요. 그러면 아이는 너무나 행복해했지요. 하지만 제 통증은 그대로 있었어요. 제가 또 고통의 신음소리를 내면 혜진이는 투덜거렸어요. "아빠, 제가 기도해 드렸는데 왜 아직도 아프세요?" 그러면 저는 아내에게 딸 아이를 데리고 밖으로 나가달라고 부탁해야 했어요.

계단을 오르내릴 때마다 혜진이는 달려 와서 제 손을 잡아 주었어요. "아빠, 제 손을 잡으세요, 넘어질지도 몰라요." 그렇게 말하곤 했어요. 혜진이는 저를 정말 잘 돌보아 주어요. 그 아이는 하나님께서 저에게 주시는 영감이지요. 아내는 혜진이가 아기였을 때 시 한편을 지었어요. 이제 시의 내용처럼 그대로 자란 혜진이를 보며 선생님께 이 시를 소개 드리고 싶어요.

혜진

아빠!
내가 아빠 위해 기도 했어
내가 아빠 위해 기도 했어 아빠!
그런데 이상하다
왜 아직도 아프지?

내가 계단을 오를 때면
내가 언덕을 내려 갈 때면
혜진은 나에게 달려온다
아빠! 내 손 잡아
넘어지지 않게

오늘 누가 기도할까?
혜진이가 기도 할래요
하나님 오늘도 감사해요
제발 아빠 아픈 것 고쳐주세요
아빠 눈도 만져주세요
엄마 뱃속에 아기도 축복해주세요
맛있는 음식 고마워요
엄마 아빠 말씀
혜진이는 잘 들을 거예요
예수님의 이름으로 기도했어요
아멘!

혜진아 예수님 어디 계셔?
항상 혜진이 마음속에
예수님은 누구시지?
혜진이의 구세주
아빠 이 노래 알아?
예수님의 사랑 신기하고 놀라와
주께 예배하며 경배해
왕이신 예수님
하나님이 세상을 이처럼 사랑하사

혜진이도 노래할 수 있어
엄마 아빠처럼

혜진아!
너 아빠 사랑해?
아빠를 사랑해
아빠 아프지마
오래오래 살아
사랑하는 딸아! 주님이 곧 오실거야
하나님이 그때까지
널 지켜 주실거야
우린 천국에서 함께 있을 거야

저와 아내는 아들 바울이가 (한국이름은 정현이예요) 태어나기 전에도 혜진이가 태어나기 전처럼 똑 같은 기도를 드렸어요. 1000번 기도를 드리기로 했지요. "하나님, 이 아기가 사도 바울과 같이 선교사의 사명을 갖고 태어나게 해주세요." 라고 기도했어요. 그리고 이번에는 이 기도를 이루기 위해서라도 아들이기를 기도했어요. 아내가 바울이를 출산했을 때까지 약 450번째 기도를 마쳤던 것 같아요. 바울이가 태어나고 몇 주 지나서 바기오에 큰 지진이 일어났어요. 그래서 기도를 더 이상 하지 못했어요. 하지만 저희는 이 기도를 꼭 다시 시작할거예요.

바울이는 천재예요! 왠지 아세요? 기저귀가 젖었는데도 저희가 갈아 주지 않으면 막 울어요. 정말 천재이지요? 배가 고픈데 아내가 젖을 주지 않으면 또 막 울고요. 우린 이 건강한 아이를 정말 사랑해요. 이제 이가 네 개 정도 나왔고 웃기도 잘해요. 엄마 아빠의 얼굴도 알아 보기 시작했어요. 저는 이제 시력이 흐려져서 아들의 얼굴을 잘 알아 보지 못하는 데도 말이에요. 아이가 웃는 소리는 정말 매일 매일 저에게 큰 용기가 된답니다.

제 눈의 통증과 안진증이 계속 되어서 1989년 4월에 안과 수술을 받았어요. 의사는 양쪽 눈의 사시가 너무 깊고 넓게 펴져 있다고 했어요. 그들은 제 왼쪽 눈을 절개해서 바르고 평평하게 맞추어 놓았지만 저는 여전히 안진증을 갖고 있었어요. 사람들은 저에게 서울에 있는 안과 병원에 가서 검사를 받아 보는 게 어떻겠냐고 충고 해주었어요. 그래서 1990년에 서울에 다녀 왔어요. 검사 결과는 두 가지였어요. 눈을 떨리게 하는 문제와 뇌 신경문제였지요. 의사들은 수술도 다른 치료 방법도 없다고 했어요. "기도만이 유일한 길이에요." 그들은 이렇게 말했어요.

제 공부를 방해하는 또 다른 문제가 있었어요. 그게 신체적 문제 때문인지 아니면 뇌의 신경문제인지는 모르겠어요. 예를 들면, 교수님 댁에서 교수님과 앉아서 커피를 마시며 어떤 주제를 놓고 이야기를 나누는 데 갑자기 마시던 컵을 교수님 얼굴이나 창문에 집어 던져서 부숴 버리고 싶은 거에요. 소리를 막 지르고 미친 짓을 하고 싶은 거에요. 뇌 수술을 하기 전에는 그런 현상은 없었거든요.

그런데 그 후엔 교실에서도 갑자기 일어서서 소리를 지르고 책상과 의자를 집어 던지고 싶은 욕망이 생길 때가 많았어요. 점점 더 나쁜 생각들이 들어서 나중에는 집 안에 있는 벨트도 쳐다 볼 수가 없었어요. 자살이라도 할 것 같은 두려움이 들어서요. 부엌에 있는 칼을 보아도 똑 같은 생각이 들었어요. 저는 아내에게 집 안의 칼들을 제 눈에 보이지 않게 해 달라고 했어요. 어떨 때는 달리는 차 안에서 밖으로 뛰어 내리고 싶을 때도 있었어요. 정말 제 자신을 이해할 수가 없었어요. 정말 정신 나간 미치광이 같은 생각들이 들었어요. 지금도 그런 증상이 여전히 있고 항상 이겨내지는 못해요. 심지어는 설교단위에서도 그럴 때가 있어요.

선생님께 제 박사과정에 대해 솔직히 말씀 드리고 싶어요. 제 눈과 발의 극심한 통증, 그리고 이런 건강 상태로 어떻게 계속 진행할 수가 있겠어요? 저는 어떤 과목에서는 A를 받고 또 어떤 과목들은 F학점을 받았어요. 한번은 한 교수님께서 저를 부르셨어요. "한번만 더 F를 받는다면 수업을 그만두어야 할걸세."라고 말씀하셨어요. 다른 교수님에게서는 편지를 받았어요. 그 분은 저의 시력 문제가 더 이상은 공부를 멀리할 핑계거리가 되지 못하며 본인의 건강 상태를 좀 과장하는 것처럼 보인다는 내용이었어요. 저는 정말 상처를 받았어요. 저의 마음은 완전히 무너져 내렸어요.

저는 제 자신이 별로 성실한 학생이 아니었다는 알게 되었고 또 학교에서는 저와 같은 학생을 박사과정에 입학 시켰다는 것이 수치스러울 거라는 생각이 들었어요. 제가 그와 같은 사실을 아는 이상, 이젠 박사과정이라는 특혜를 누릴 수가 없다는 것을 제 자신에게 인정할 수 밖에 없었어요. 더 이상은 그 특혜를 악용할 수는 없었어요. 학위를 포기하고 나올 때 저는 정말 슬펐어요. 언젠가는 제 삶의 그 때 그 슬픔의 의미를 알 때가 오겠지요.

하지만 한 가지 사실은 지금도 확실히 알아요. 하나님께서는 그를 사랑하는 자들을 위해 좋은 것들을 준비해 놓으신다는 거에요. 제가 학교에서 나왔을 때, 하나님께서는 바기오 제일 나사렛교회에서 전임 사역자로 일할 수 있게 해 주셨어요.

8. 아버지와 아들 (김성갑 목사의 회상)

지난 1990년 2월에 제가 바기오 교회에서 사역 한 지 일년쯤 되었을 때 부흥회를 열기 위해 제 아버지를 초청했어요. 아버지는 부흥사이시거든요. 이번이 아버지의 첫 번째 해외여행이었기에 아버지에게는 좋은 기회였죠. 저희 교회의 장로님 한 분과 함께 마닐라로 아버지를 마중 나갔어요. 함께 차를 타고 가면서 저는 장로님에게 제 고민을 나누고 충고를 부탁했어요.

우리 나라에서는 부모님을 뵐 때 장소에 상관없이 큰 절을 드려야 하는 관습이 있어요. 무릎을 땅에 꿇고 두 손이 땅에 닿을 때까지 굽혀 큰 절을 드려요. 중국의 유교 문화의 영향을 받은 전통이지요. 저희 가족을 포함해 한국의 대부분의 가정에서도 이 관습을 지켜요. 그리고 저희 집안은 이 부분에 아주 엄격했어요. 저는 아버지가 공항에서도 저에게 큰 절을 받기를 원하실 거라는 걸 알았어요. 좀 당황스러운 일이겠죠. 그래서 저는 장로님께 물었어요. "공항에서 아버지를 뵈면 어떻게 해야 할까요?"

저의 형님께서 군복무를 하실 때가 기억이 나요. 방학 때라 형제들이 고향 집에 모여 있었는데, 아버지 교회에 건축이 한창 진행 중이었어요. 운이 없게도 형님은 군에서 외박 나오는 길에 하필이면 공사장에서 아버지를 처음 뵌 거예요. 바닥은 온통 진흙으로 덮혀 있었어요. 형님은 주름이 쫙 잡힌 말끔한 군복을 입고 있었어요. 그래도 형님은 진흙에 무릎을 꿇고 두 손을 모아 큰 절을 드려야 했죠. 결국 형님은 온통 진흙투성이가 되었고 그 모습에 저도 좀 민망해지고 말았지요. 제가 나사렛대학에 다니고 있을 때였어요. 방학이 되어서 고향집에 내려 갔어요. 저는 일부러 아버지께 목포 기차역에 몇 시쯤 도착 할 건 지 알려 드리지 않았어요. 만약에 기차역에 마중 나오셨다면 그 곳에서 큰절을 드려야 했을 테니까요. 그래서 집 근처의 버스 역에 도착해서야 아버지께 전화를 드렸어요. 집에 금방 도착할 거라고요. 그래서 아버지를 처음 만난 장소가 집이었죠. 그리고 안방에서 큰 절을 드렸어요. 민망한 상황은 벗어 난 거지요.

그런 일 때문에 장로님께 물었던 거에요. "공항에서 어떻게 하면 좋을까요? 만약 제가 큰 절을 올리면 사람들이 저를 보고 웃을 거고 저는 당황스러울 거에요." 장로님은 저를 보고 그냥 웃으셨어요. 드디어 공항에 도착했어요. 이미 밤이었어요. 제가 아버지를 찾았을 때는 다행히도 공항에 사람이 너무 많아서 절을 할 만한 공간도 없었어요. "아들아, 여기서 절할 필요 없다. 바기오로 갈 때까지 기다리마." 그래서 집에 도착해 방 안에서 제대로 큰 절을 올렸어요. 선생님, 그 많은 사람들이 저를 살렸지 뭐에요!

그러나 이런 예절은 한국의 관습이고 저희 가정은 굉장히 엄격한 집안이었어요. 아버지의 말이라면 무조건 존경해야 했지요. 큰 형님은 늘 이렇게 말씀하셨어요. "검정색 수건이 있는데 아버지가 하얀색이라고 하면 그냥 그건 하얀 수건인 거야. 뭐라고 대답한다고?" 저는 이렇게 대답했어요. "아니에요, 그건 검정색 이에요, 아버지. 하얀색이 아니고요." 형님은 말씀하셨어요. "아니야, 처음엔 이렇게 대답해야 돼. '아버지, 하얀 색이에요. 아버지 말씀이 맞아요.' 며칠이 지난 후 아버지께 다시 가서 '아버지, 제 방으로 돌아가서 그 수건이 정말 하얀색이었는 지 다시 생각해 보았어요. 생각해 보니, 아버지 그건 검정색인 것 같아요.'" 아버지가 바기오에 계시는 동안 아주 중요한 일이 일어 났어요. 선생님, 왜 그런 일이 있어 났는지 말씀 드릴께요. 우리 교회에 청년 선교팀이 전도 교육을 나온 적이 있어요. 저희 교회 청년들을 교육하기 위해 왔는데 7명의 청년이 참석했어요. 저도 강의를 함께 들었어요. 강의에서 강조한 점은 회복이었어요. 저는 사역팀의 교사이자 리더인 조지 리의 강의에 감명을 받았어요.

그는 식당에서 일하는 웨이터였어요. 교회에 다니지 않던 그는 식당에서 돈을 훔친 적이 있었어요. 주님을 영접한 후에 그는 자신이 어떤 일을 했는지 확실히 알게 되었어요. 그는 예전에 일하던 식당을 찾아가 매니저에게 그 일을 고백했어요. "제가 예전에 여기에서 일할 때 돈을 훔친 적이 있어요. 불행히도 저는 그 돈을 갚을 능력이 없어요. 하지만 제가 훔친 돈 만큼 갚을 때까지 월급을 받지 않고 일하겠습니다." 매니저는 이 조지 리에게 큰 감동을 받고 일하게 해 주었어요. 다른 직원들도 조지 리의 변화를 느꼈고 그에게서 아름다운 크리스챤의 삶을 보았어요. 그 직원들 중 몇은 교회에 나오게 되었어요. 저는 이 이야기에 정말 감동 받았어요.

아버지가 바기오에 오셨을 때 저는 15년 전 어느 날이 기억이 났어요. 저는 13살이었어요. 아버지는 목포에 있는 나사렛교회에서 목회를 하고 계셨고 사택도 교회 안에 있었지요. 사택에는 아버지의 성경책이 있었고 저는 성경책을 열었어요. 그 안에는 500원이 있었어요. 아마 70센트 정도 되는 돈이었을 거예요. 저는 그 돈을 훔쳐서 제 주머니에 넣었어요. 그 날은 주일날이었어요. 아버지가 방에 들어 오셨을 때 그 돈을 찾으셨어요. "얘야, 여기에 500원을 넣어 두었는데 보지 못했니? 헌금 할 돈인데."하고 말씀하셨어요. 저는 "아니요, 아버지. 못 봤는데요."하고 잡아 뗐어요. 아버지는 "이 방에 있었던 사람은 너 밖에 없지 않느냐?"하고 물으셨어요. 저는 "왜 저만 있었다고 그러세요? 좀 전에 이 집사님도 이 방에 들어 오셨었어요."하고 둘러 댔어요. 이 집사님은 아버지 교회에 다니시는 분이셨어요. 아버지는 제 말에 너무 실망하고 괴로워 하시다가 방을 나가셨어요. 그게 끝이었죠.

나중이 되서야 저는 후회했어요. 그리고 생각했어요. '괜찮아. 나는 회개를 했으니 그걸로 된거야. 이제 잊어 버려도 돼.' 그러나 일년이 지난 후에도 저는 그 일을 잊을 수가 없었어요. 그래서 '아마 내가 완전히 회개하지 못했나 보다'고 생각하고 다시 회개를 했어요. 그리고 2년이 지나서도 그 일은 여전히 제 머리 속에 있었어요. 또 다시 회개 했어요.

그리고 이제 15년이 지난 그 때도 제가 훔친 돈 때문에 마음이 무거웠어요.

아버지가 저희 교회에서 부흥회를 집회하시는 동안 저는

선교사 친구들에게 저를 위해 기도해 달라고 부탁했어요. (물론, 친구들에게 먼저 제 고민이 무엇인 지 설명을 했지요.) 제가 한 일을 아버지께 말씀 드리고 용서 받고 싶었어요. 하지만 도저히 말씀드릴 자신이 없었어요.

부흥회가 끝나고 아버지와 저희 가족은 바닷가에 놀러 갔어요. 그곳에서 말씀 드리려고 생각하고 있었어요. 가족들은 한 두 시간 정도 이야기를 나누며 즐거운 시간을 보냈지요. 하지만 말씀 드리려고 하면 말이 목에서 입으로 그리고 입술로 넘어 오다가 거기서 더 이상 나오지 않고 멈춰 버리는 거에요. 몇 번이나 시도를 했는데도 결국 말씀 드리지 못했어요.

아버지가 한국으로 돌아가시기 전 마지막 밤, 정말로 마지막 기회였어요. 한 방에 있었죠. 아버지 얼굴을 똑 바로 쳐다볼 수가 없었어요. 저는 불을 껐어요. 그래야 아버지 얼굴을 바로 볼 수가 있을 것 같았어요. 그리고 입을 열었어요. "아버지, 고백 할 게 있어요." 아버지는 놀라서 말씀하셨어요. "무슨 일이냐?" 저는 드디어 고백을 했지요. "아버지, 15년 전, 제가 아버지 돈 500원을 훔쳤어요." 저는 이 일 때문에 그 동안 얼마나 힘이 들었는지 말씀을 드렸어요. 그리고 나서 불을 켰어요.

아버지의 첫 말은 이랬어요. "15년 전에 500년을 훔쳤다고? 큰 돈이었구나." 저는 아버지께 그 돈을 갚고 싶다고 했으나 아버지는 받지 않으셨어요. "아버지, 꼭 받으셔야 해요. 그래야 제가 자유로워 질 수가 있어요." 하고 고집을 피웠어요. 아버지는 제 손을 꼭 잡으셨어요. 그리고 우시기 시작하더니 멈추지를 못하셨어요. 그리고 나서 저를 쳐다 보시더니 무슨 말씀을 하시려고 했지만 말하지 못하셨어요. 시간이 좀 지나고서 아버지는 "아들아, 나는 그 일을 기억하지 못한다. 하지만 네가 지금 한 행동은 어디에서 배웠니? 정말로 아름답구나. 누구에게서 배웠니?"하고 물으셨어요.

저는 "저의 교회 성도에게서 배웠어요."하고 말씀 드렸어요.

그제서야 아버지는 제 돈을 받으셨어요. 선생님, 저는 이제 자유예요. 15년전의 그 짐에서 이제 해방이 되었어요. 그 날 이후 아버지와 저는 아주 아까운 사이가 되었어요. 아버지는 한국으로 돌아가신 후 이 경험을 교회 성도들에게 나누었어요. "제 아들은 참으로 아름다운 그리스도인입니다. 그 아들이 목회하는 곳은 천국이나 다름없지요."

9. 지진

김 성갑 목사는 1990년 재앙 같은 지진에 대해 순간 순간을 보고 했다. 7월 16일 오후 4시 30분, 저는 의료 사역을 찾아 온 환자 몇 명을 돌본 후 제 방으로 돌아 왔어요. 마닐라에 있는 한국인 한의사에게서 침술을 배웠거든요. 침술은 제 사역의 일부분이 되었어요. 매주 월요일 오후 1시부터 5시까지였는데 한 100명의 환자들이 찾아왔어요. 필리핀 사람들, 중국인, 한국인, 또 다른 나라 사람들도 있었어요. 물론 무료 치료였지요. 하지만 나중에는 제 건강상의 이유 때문에 이 사역을 그만두어야 했어요.

방에 돌아 온 지 한 5분이 지나, 끔찍한 소리를 들었어요. 교회 건물 앞쪽이 흔들렸어요. 침대에 누워 있었는데, 침대가 1 미터나 옆으로 밀렸고 책꽂이들은 다 엎어졌어요. 아내는 몹시 겁에 질려서 태어난 지 6주밖에 안된 바울이를 급하게 침대 밑으로 밀어 넣었어요. 저는 아내에게 “혜진이는 어디 있지?”하고 물었어요. “모르겠어요. 밖에 어딘 가 있을 텐데…” 아내는 대답했어요. 나는 재빨리 교회 앞으로 나갔어요. 거기에서 혜진이는 제게 치료 받은 환자의 손을 꼭 붙잡고 있었어요. 바로 그때 아내는 바울이를 데리고 교회 건물 밖으로 뛰어 나왔어요. 교회 건물은 3층부터 무너져 내리기 시작했어요. 만약 그 때 도망쳐 나오지 않았다면 우리는 크게 다쳤을 거예요. 하지만 하나님의 은혜로 저희는 무사히 빠져 나올 수 있었어요.

이 지진은 30분 이상 지속되었어요. 시내는 완전히 혼돈에 빠졌어요. 교회로 달려온 첫 번째 교인의 첫 인사는 "목사님, 괜찮으세요?" 이었어요. 우리는 눈물로 함께 기도를 했어요. 지진은 계속되었어요. 다음은 쉐리가 교회로 뛰어 왔어요. 그녀는 첫 사랑을 잃은 후 교회에 나오지 않고 있었어요. 저는 그녀에게 물었어요. "만약 주님께서 지금 자매님을 부르신다면, 가실 준비가 되어 있나요?" 쉐리는 울면서 말했어요. "아니에요, 목사님. 저는 정말로 준비가 되지 않았어요. 그래서 이리로 달려 왔잖아요. 죽어도 교회에서 죽으려고요." 저는 쉐리에게 이렇게 말해 주었어요. "쉐리 자매님, 주님은 자매님을 사랑하세요." 쉐리는 "목사님, 예수님께 드렸던 그 처음 사랑을 되찾고 싶어요."하며 하나님께 자신을 바친다는 재 결심을 드렸어요. "저는 이제 주님이 지금이라도 부르셔도 주님의 손을 잡을 준비가 되었어요." 쉐리는 말했어요.

그리고 나서 전 용국 선교사님 부부가 찾아 오셨어요. 전 사모님께서 저희 교회에서 봉사하셨거든요. 그들은 정말 하나님의 군사들이에요. 그 분들은 그날 교회에 모인 성도들을 위로해 주었어요. 지진은 계속되었어요. 아이비라는 청년도 교회로 찾아 와서 우리가 함께 했어요. 아주 겁에 질려 있었어요. 저는 또 물었어요. "아이비 자매님, 준비 되셨어요?" 아이비는 울부짖었어요. "목사님, 어떻게 하면 좋아요? 저는 회개해야 할 일들이 너무나 많아요. 지금 당장 죽으면 저는 아마도 지옥에 갈 거예요. 어떻게 해야 해요?" 저는 "함께 기도합시다."하고 말했어요. 그리고 마음을 모아 기도를 드렸어요. "주님! 자비의 하나님, 주님의 자녀 아이비가 회개를 드리며 이제 예수 그리스도를 영접하옵니다. 감사합니다, 주님."

몇 분 뒤에 또 다른 청년인 로나가 왔어요. 그녀가 집을 나올 때 남동생이 어디에 가냐고 물었대요. 식구들이 모두 "그냥 집에 있는 게 더 나아"하고 말렸지만 로나는 결국 교회로 왔어요. 3시간 뒤에 교회 건물은 완전히 무너져 내렸어요. 바기오시에는 여기 저기 화재가 났어요. 그리고 같은 시간, 시내에서 투숙객들로 꽉 찬 4개의 큰 호텔들이 붕괴되었어요. 5시간이 지났어요. 거리가 거의 다 파괴되었어요.

정말 최악의 난장판이었죠. 많은 사람들이 파함 공원에 모였어요. 찬양 리더가 앞에 서서 사람들과 함께 찬양을 드리고 있었어요. 세 번째 지진이 일어 났을 때 사람들은 모두 무릎을 꿇고 주님께 울부짖으며 기도 드렸어요.

바기 나사렛교회의 지하 사택

한 젊은 부부가 우리 교회의 십자가를 보고 들어 왔어요. 두 사람 모두 예수님을 영접했어요. 또 다른 필리핀 자매도 교회로 찾아와 주님을 영접했어요. 로나는 홍수로 잠긴 시내에 있는 한 고등학교 교사인 언니를 위해 기도해 달라고 했어요.

또 우리는 아내와 아이들을 찾지 못한 한 형제를 위해서도 기도를 했어요.

우리는 친구인 이 상온 선교사가 바기오 근처에 있는 마르코스 고속도로를 달리고 있다는 소식을 들었어요. 고속도로는 매우 위험하기 때문에 우리는 그를 위해서 열심히 기도를 드렸어요. 그 날 저녁 그는 신발도 신지 않은 채 완전히 지친 모습으로 나타났어요. 그는 고속도로를 달리고 있었는데 갑자기 길이 두 개로 갈라졌다고 했어요. 이 선교사와 그와 함께 있던 교수님은 거기에 차를 그냥 두고 다시 바기오로 걸어 올라가기로 했다고 해요. 다른 사람들은 그들에게 다시 돌아가면 안 된다고 충고했대요. 이 두 사람이 다리를 건너 오자 마자 다리는 무너져 내리고 그들에게 가지 말라고 했던 사람들은 모두 갈라진 땅 밑으로 떨어졌대요. 이 선교사가 마지막 다리를 건널 때에는 삶과 죽음을 오가는 순간을 10번도 더 경험했다고 해요.

첫째 날은 교회 앞에 불을 피우고 밤을 보냈어요. 교인들이 교회로 모여 들었어요. 지진은 20분 간격으로 계속 되었어요. 우리는 열심으로 기도했어요. 교회 제직회에 속하신 교인 한 분이 교회로 달려 와서 잃어 버렸던 두 딸이 무사하다고 얘기해 주었어요. 이제 바기오 근처 트리니다드에 사는 친척들이 무사한 지 알아 보아야 한다고 했어요.

7월 17일 오전 9시 30분. 첫 번째 지진 후 17시간이 지났어요. 지진은 여진으로 이어졌었어요. 이번 여진은 매우 강한 진도를 갖고 있다는 소식을 듣고 우리는 아주 열심히 기도를 했어요. "주님, 이번 여진으로부터 저희를 구해주세요." 저는 무엇을 어떻게 해야 할 지 몰랐어요. 저는 아직 젊은 목사였으니까요. 저는 친교실이 있는 교회 3층 건물을 쳐다 보았어요. 가스 탱크가 매달려 있었어요. 제 사무실은 부숴져 있었어요. 예배당이 있던 2층은 지붕이 내려 앉았어요. 지하에 있는 사택을 보았을 땐 도대체 다시 수리나 가능한 지 알 수가 없을 정도였어요. 물도 없고 전기도 없었어요.

저는 교회에 모인 성도들에게 말했어요. "우리는 지금부터 식량을 모아야 해요. 지금부터 하루에 한 끼씩만 먹겠습니다. 금식을 할 거예요. 저는 지금 여러분의 양치기입니다. 우리는 강해져야 해요. 사실 저는 몸이 그다지 강하지 못합니다. 제 안에 계시는 건 오직 주 예수 그리스도 뿐입니다."

저는 밤새도록 극심한 두통이 있었고 두 눈이 너무나 아팠어요. 우리는 3개월 전에 구입한 교회 버스인 지프니에서 밤을 보낼 수가 있었어요. 그건 정말 하나님의 은혜였어요.

다른 사람들은 모두 거리에서 밤을 보냈기에 저희는 정말 감사하는 뿐이었어요. 바기오는 밤에 아주 추워요. 저희는 기도했어요. "오 주님, 길거리에서 죽어가는 사람들을 위해 기도하오니 그들이 믿는 자들이건 아니건 모두 우리의 형제 자매이니 그들의 남은 가족들의 상처를 위로해 주세요. 그들을 붙잡아 주세요."

우리는 또 다른 한국 선교사가족도 걱정이 되었어요. 첫 번째 지진이 왔을 때, 유 선교사 부부는 아이들을 데리러 학교에 갔었어요. 우리는 그분들이 어떻게 되었는지 궁금했어요. 또 한국에서 단기 선교사로 오신 여자 목사님도 어떻게 되셨는지 궁금했어요. 아파트 2층에 살고 계셨는데 C.C.C 집회를 위해 사역하러 오셨어요. 그 집회에는 약 3000명이 참석하고 있었어요. 며칠 전에 담당 사역자 사모님께서 우리에게 오셔서 기도를 부탁했었어요. 이제 저희는 이렇게 기도를 드렸어요. "하나님 아버지, 그들을 보호해 주세요. 그리고 주님, 주님께서 부르실 때 우리 모두 준비된 자 되게 하소서."

7월 18일 오전 11시. 조금 전에 여진이 있었어요. 첫 번째 지진 이후 43시간 후였어요. 바기오에서 가장 튼튼한 건물인 하이야트 호텔이 마치 지푸라기로 만들어 진 건물처럼 무너져 내리고 말았어요. 학생들이 공부하고 있던 바기오 대학의 교실들도 파괴 되었어요. 길거리와 공원들은 사람들도 꽉 찼어요. 비가 내리고 있었는데도 사람들은 바깥에 그냥 서 있었어요. 다른 선택 방법이 없었으니까요. 밤새고 그냥 바깥에서 지내야 했어요.

우리는 앞서 걱정했던 유 선교사님 가정과 여자 목사님이 안전하다는 소식을 들었어요. 하지만 바기오에서 2시간 정도 떨어진 아가세나에 가셨던 최 목사님은 집에 돌아 오는 길에 시골 길에서 멈춰서 더 이상 오지를 못하셨다고 하셨어요. 큰 버스 한대가 무너져 내린 산에 완전히 덮혀서 차 안에 있던 사람들은 모두 죽었고 다른 쪽 길에도 시체들로 즐비했다고 했어요.

우리는 언제쯤에야 이 지진들이 멈출까 궁금했어요. 어떤 사람은 초진 후 72시간이 지나면 마지막 지진이 있을 거라고 했어요. 사람들은 식량을 얻을 수 없어서 완전히 무질서가 되고 말았어요. 이 날 한 교인이 교회에 2킬로 정도의 쌀을 가지고 왔어요.

저는 우리 가족 걱정 때문에 심한 혼란에 빠졌어요. 우리는 교회 앞에 임시 처소를 만들었어요. 거기에서 식사 준비를 했어요. 성도들은 쌀과 야채들을 가지고 왔어요. 그들은 저와 저희 가족을 돌보아 주었어요. 그들은 제가 외국인이고 장애인이라는 이유 때문인지 정말 신경을 많이 써 주었어요. 하지만 저는 저야 말로 그들에게 위로를 해 주어야 하는 자라고 생각했어요. 저는 그들의 목자이니까요.

조금 전에 전 선교사님 부부는 바기오 부근의 산지인 뚜바를 방문하는 게 어떻겠냐고 제안했어요. 우리 교회의 교인 중 10명이 그 곳 출신이거든요. 만약 그들이 어려움에 처해 있다면 우리가 가서 그들을 교회로 데리고 와야 했어요.

7월 19일 오전 11시 30분. 또 다른 지진이 왔어요. 이제 처음 지진으로부터 67시간이 지났어요. 이제 우린 익숙해졌어요. 이 날 아침 바기오에는 네 번의 강한 지진이 있었어요. 하지만 우리는 예수 그리스도안에 있었어요. 어제 오후에 뚜바로 가려고 준비를 하고 있을 때 사람들이 와서 혹시 거기에 도착하지 못 할 경우를 대비해서 비상 식량을 준비하라고 충고해 주었어요. 아내와 두 아이도 저와 함께 길을 떠났어요. 뚜바에 도착했을 때, 경찰은 그곳 사람들은 아무도 다치지 않았다고 말해 주었어요. 저희는 얼마나 감사했는지 몰라요.

길은 망가졌고 아픈 사람들이 많이 있었어요. 뚜바의 교인들은 교회가 무너졌다는 소리를 듣고 "목사님, 이번 주일날 교회에서 뵙겠습니다."하고 말했어요. 주일 날 아주 많은 사람들이 모였고 우리를 위해 음식을 준비해 주었어요. 물건을 파는 시장들은 대부분 상점 문을 닫았지만, 사람들이 음식을 구할 수 있도록 작은 문을 열어 둔 곳도 있었어요. 하지만 물건 값은 오르지 않고 그대로였어요. 필리핀 사람들은 참 정직해요. 그래서 저는 그들을 사랑하지요. 교인들은 제 손을 잡고 우리는 함께 기도를 드렸어요.

라디오에서는 아직도 마지막 지진이 지나가지 않았다고 보도하고 있었어요. 마지막 지진은 이 날 오후 4시 정도 쯤 될 거라고 했어요. 그 시간 이후로 장거리 전화통화가 가능했어요. 하지만 전화 한 통화를 걸려면 전화하는 장소에서 5시간은 기다려야 했어요. 이 날 아침, 한 여자 성도가 교회에 와서 저에게 100페소를 건네 주었어요. 그녀는 "목사님을 위해서 기도하고 있어요."하고 말했어요. 그녀는 몇 달 전에 교회에서 저희를 본 적이 있었나 봐요. 우리는 홍수에 잠긴 지역의 고등학교 교사인 로나의 언니도 만날 수가 있었어요. 그녀의 남자 친구가 거기에 가서 언니를 데리고 바기오까지 걸어왔어요. 그들은 길에서만 15시간을 보냈다고 해요. 또 우리 교회 교인의 친척의 집이 무너져 내렸어요.

집 안에 있던 4명의 사람들이 죽었어요. 오늘 장례식을 치를 거라고 말했어요.

우리는 기도를 드렸어요. "주님, 저희를 도와주세요. 마지막 지진이 그냥 조용히 지나가게 해 주세요." 교인들과 저는 함께 기도했어요. 저는 교인들의 도움을 끊임없이 받았어요. 그들은 바나나, 밥, 야채 등을 요리해 주었어요. 저는 얼마나 오랫동안 이 임시 처소에서 지낼 수 있을까 의심스러웠어요. 한 달? 두 달? 한 가지 사실은 분명했어요. 내가 혼자서 이 모든 문제를 해결하려고 했다면 분명히 실패하고 말 것이라는 사실이었어요. 하지만 우리 안에 계신 분께서 우리를 살리시고 승리하게 하실 수가 있지요. 이러한 경험들을 통해서 좋은 열매, 영적인 열매가 있을 것이며 우리는 진정한 주님의 제자가 될 수 있을 거에요. 저는 이번 주 주일 설교를 준비하기 시작했어요. "우리 하나님은 아직도 사랑의 하나님이십니까?" 사실이었어요. 그 분은 아직도 사랑의 하나님이었어요.

같은 날, 김 성갑 목사는 마닐라에 있는 렌치 박사에게 편지 한 통을 보냈다. 렌치 박사님께:

저희는 교회 건물이 무너져 내릴 때 간신히 빠져 나올 수가 있었습니다. 저는 4살 난 딸아이와 교회 밖에 나와 있었고 아내는 6주된 아들을 데리고 건물에서 가까스로 빠져 나왔습니다. 우리 교회 교인들 중에는 파괴된 호텔이나 건물에서 일하던 사람들이 있기는 했지만 그래도 크게 다친 사람들은 없었습니다. 이제 모두들 생존자를 찾느라 또 친척들의 장례식에 참석하느라 바쁩니다. 저희는 건물 밖에서 생활도 하고 요리도 하면서 지내고 있습니다. 지금은 식료품을 구하기가 어렵기 때문에 하루에 한끼만 먹기로 하였습니다. 전기도 없고 물도 없습니다. 교인들이 여러모로 저희를 돕고 있습니다. 저는 이런 재난의 시간들을 통해서도 하나님께서 우리에게 승리의 순간들을 허락하실 것을 믿습니다. 교회에 모인 사람들은 함께 찬양하며 함께 기도를 드렸습니다. 이 재난 중에도 7명의 형제 자매가 예수님을 영접했습니다. 이번 주 저의 주일 설교 제목은 "우리 하나님은 아직도 사랑의 하나님이십니까?"입니다. 하나님의 한쪽 팔로부터,

김성갑 목사 드림

김 목사는 나중에 지진이 일어 난 후의 그의 교회사역에 관하여 보고하였다.

바기오 제일 나사렛 교회

바도 당와 4번지 구이다드, 바기오

1990년 8월 2일

조지 렌치 박사님

사서함 179　그린힐 1502

메트로 마닐라

렌치 박사님께:

우리 주 예수 그리스도의 이름으로 문안을 드립니다.

바기오 제일 나사렛교회 건물은 지진이라는 살인무기로 인해 심하게 손상을 입었습니다. 그러나 교회는 주님 안에서 아직도 살아 있습니다. 할렐루야! 저희는 좀 힘든 시간들을 보내고 있습니다. 특히나 지금은 지진이 지나간 바로 후라 더욱 그렇지만, 그래도 저희들을 위해 심적으로, 재정적으로, 영적으로 뒤에서 도와 주신 형제님들이 계셔서 저는 하나님께 얼마나 감사한 지 모르겠습니다. 저희를 도와 주신 분들 중에는 나사렛 선교부가 있습니다. 이 절망의 시간 속에서도 하나님께서는 저희를 위로해 주셨고 또 주위의 손길을 통해서 계속해서 위로해 주시고 계십니다. 우리는 다른 사람들을 위로하기 위해 위로 받았습니다. 하나님께서는 우리가 받은 도움들을 우리교회 교인이 아닌 사람들에게도 나누어 줄 수 있는 마음을 주셨습니다. 제가 마닐라로 내려 갔을 때 한국에서 온 의료 선교팀을 만났습니다. 조 은제 의사 선생님이 팀의 리더였습니다. 그들은 저와 함께 바기오로 오셔서 우리 교인들을 도와 주시기로 자원하셨습니다. 저는 그 팀을 여러 곳으로 안내 했고 그 곳에서 무료 의료 봉사와 약품들을 나누어 주셨습니다. 그들은 나사렛 교인들은 아니지만 그래도 나사렛 교회의 이름아래 함께 사역하셨습니다. 그 분들은 한국으로 떠나시기 전에 구제 쌀을 기부하고 가셨습니다. 우리는 그것을 "한국에서 온 사랑의 쌀"이라고 불렀습니다. 선교팀은 쌀을 처음 계획보다 더 많이 주고 가셨습니다. 그래서 저희는 쌀이 필요한 다른 사람들에게도 나누어 주기로 하였습니다.

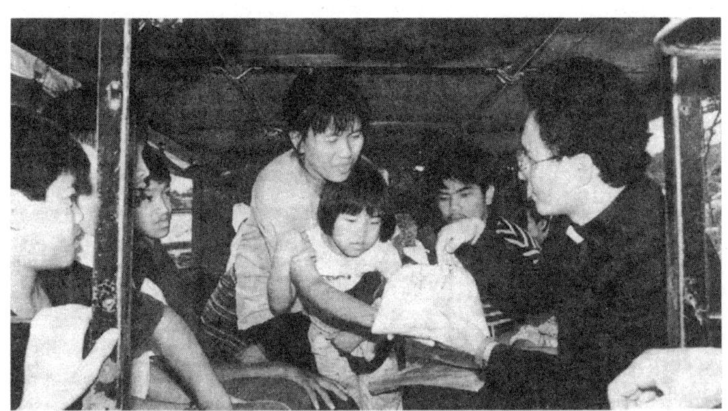

한국에서 온 사랑의 쌀

우리 교회 청년들은 장로님 몇 분들과 함께 피해를 입은 싼 칼로스 하이츠, 페어뷰, 써니싸이드, 룩크납등의 지역을 미리 조사해 보고 도움이 필요한 지역에 구제 쌀과 약품들을 나누어 주었습니다. 구제품을 나누어 준 후에는 복음을 나누었고 많은 사람들이 주님을 구주로 영접하였습니다.

며칠 후에는, 제 형님이신 김 병갑 목사와 그 교회 성도들이 저희를 돕기 위해 한국에서부터 먼 길을 오셨습니다. 하나님께서 그 분들에게 이들을 향한 측은한 마음을 갖게 하셨고 또 필요한 약품들도 가지고 오셨습니다. 그래서 그 약품들을 필요한 사람들에게 나누어 주고 있습니다. 또 얼마 전 한국을 다녀오신 전 용국 선교사님이 콜레라와 장티푸스 백신도 구해다 주셨습니다. 이 백신들은 한국의 한 교회에서 무료로 기부하셨습니다. 어제는 저희 쪽 간호원들이 우리 교회 교인들과 또 외부 사람들에도 백신을 놓아 주었습니다. 오늘까지도 계속 주사를 놓아 주고 있습니다.

CLASS ("기독인 생명과 주일 학교"의 영어 약자)의 회장인 노라 펠리그만 자매님이 우리 교회의 전도팀을 리드하셨는데 나중에 박사님께 지진 후에 진행된 우리 교회의 활동들을 자세히 보고 드릴 것입니다. 노라 자매님에 따르면, 팀이 전도

한 사람들이 1000여명 정도 된다고 들었습니다. 이 숫자에는 저희 교회 교인들도 포함이 되었습니다.

저희 교회에는 지금 영적인 부흥이 크게 일어 나고 있습니다. 트랜코빌에서 일주일에 한번씩 모이던 성경 공부가 지금은 예배를 드리고 말씀을 배우기 위해서 매일 밤 모이고 있습니다. 성경 공부시간 이외에도 조 은제 목사님, 저의 형님인 김병갑 목사, 그리고 다른 한국에서 오신 형제님께서도 복음 증거를 위한 시간들을 마련했습니다. 정말로 은혜로운 시간들이었습니다. 또 한가지 기쁜 사실은 오랫동안 교회에 나오지 않던 교인들도 다시 주님의 품으로 돌아 왔다는 것입니다. 저희들에게 바기오 나사렛대학에서의 피해 수습을 위한 봉사의 기회를 알려 주셔서 감사 드립니다. [학교 건물들이 지진으로 인하여 많이 파괴되었다] 제 자신도 그 일에 참여하려고 합니다. 아마 페인트 칠이나 제 능력 안에서 할 수 있는 다른 일들도 있겠지요. 교인들에게도 공고를 내 보냈습니다. 가능하신 분들은 그 일에 함께 참여할 거라 확신합니다.

이 절망적인 시간을 함께 해 주시고 옆에서 든든히 지켜 주셔서 감사 드립니다. 박사님과 가정 위에 주님의 축복이 함께 하시기를 기도 드립니다.

주님을 섬기는
김 성갑 목사 드림

노라 펠리그만이 렌치 박사에게 보낸 편지는 김 목사가 보낸 보고서와 같은 내용이 많이 있었지만 포함되지 않은 내용은 다음과 같았다:

지진 이후에 우리에게 일어난 비극에 절망하며 그저 구제품만을 기다리지 않게 하시고 오히려 그 분의 한량한 자비와 사랑에 집중할 수 있도록 해 주신 하나님의 은혜가 있었음을 알려 드리게 되어 정말 기쁩니다. 절망과 고통 속에서도 주님께 영광을 돌리며 다른 사람들에게도 그 분의 사랑을 나누어 줄 수 있게 해 주신 주님께 감사를 드립니다.

지진이 일어 난 지 며칠 후에, 교회 제직회 구성원이신 벤 보코형제님의 지휘아래 청년들이 교회 안팎에 떨어진 파편들을 청소 했습니다. 그리고 피해 조사팀의 역할을 담당한 전도팀을 구성하였습니다. 이 지역 사람들의 상황에 저희는 정말 가슴이 많이 아팠습니다. 정말 고통스러웠지만 그들의 고통은 이보다 훨씬 더 했겠지요.…

저희에게 섬길 수 있는 기회를 주신 하나님께 감사를 드립니다. 하루도 낭비한 날이 없었습니다. 피해 조사를 나가거나 구제품을 배급하러 나가기 전에 저희는 하루의 시작을 꼭 교회에 모여 예배를 드렸습니다. 우리 팀의 멤버들은 대부분 청년들로 구성되어 있는데 하루의 모든 일과에 즐거운 마음으로 참여 하였습니다. 많이 걸어야 했고, 제때에 끼니도 챙기지 못하였고, 또 피곤한 몸으로 귀가해야 했지만 모두 기쁜 마음으로 임하였습니다. 왜냐하면 우리는 주님을 섬기는 일을 하고 있으니까요. 우리의 활동들을 통하여 하나님께서 어떻게 역사하시는 지 눈으로 볼 수 있었습니다.…

국제 나사렛 구제 사역 담당자 스티브 웨버의 지난 9월 보고서는 바기오 지진의 결과, 특히나 나사렛 교회와 관련된 피해에 대한 설명을 잘 말해 주고 있다. 내용 중에는 나사렛 교단의 굶주림과 재난을 위한 기금에 기여한 베다니 나사렛 교회의 교인들에게 감사하는 마음을 전하고 있다.…

7월 16일 오후 4시 26분, 진도 7.7 강도의 지진이 돌로 덮힌 도시인 필리핀 까바나뚜완시을 강타했다. 3분 후인 4시 29분, 8.0강도의 충격이 바기오의 한복판을 심하게 흔들어 놓았다. 이 두 번의 강력한 지진으로 1650명이 사망하고 1000여명의 실종되었다. 그리고 3000여명이 부상을 당했으며 13만명이 집을 잃었다.…

이로 인한 생명과 재난의 손실이 엄청나다. 바기오 나사렛 교회 [김성갑 목사의 교회]에서는 45 가정이 직장과 집은 물론 모든 살림살이들을 잃어 버렸다. 당와, 피코 캠프에서는 열한 가정이 넘는 나사렛교인들이 집과 직장, 재산을 손실 당했다. 이 지역에서는 식량과 약품 그리고 다른 물품들도 절실히 필요하다. 5군데 이상의 나사렛 교회들과 바기오 나사렛대학도 피해를 심하게 입었다.…

나사렛 구제 사역은 음식, 약품, 그리고 급하게 필요한 물품들을 필요한 사람들에게 공급하고 있었다. 그리고 취재를 하기 위해 모여든 신문, 방송 카메라들이 모두 철수한 한참 후에도 우리는 여전히 그곳에 남아 심한 부상으로부터 회복하는 자들을 돕고 산더미처럼 쌓인 건물들의 보수를 함께 도왔다. 붕괴하는 교회 건물에서 가족과 함께 가까스로 피해 나온 김성갑 목사는 이 재난 중에도 주님을 영접한 영혼들이 있다고 증언하였다. 우리 주 예수 그리스도의 사랑을 전함에 있어서, 김 목사와 마찬가지로 우리도 역시 "하나님께서는 어떠한 역경 중에서도 우리에게 순간 순간 승리를 허락하신다"라고 확신한다.

선생님, 살인마 지진은 저에게 또 다른 위기를 가져다 주었어요. 전에는 한번도 경험해 보지 못한 위기였어요. 집사람과 결혼한 후 처음이자 가장 큰 위기가 왔어요. 지진 후에 우리는 8일 동안 두 아이와 함께 지프니안에서 지내야 했어요. 바울이는 태어난 지 겨우 6주일 되었고, 혜진이는 4살이었어요. 식사 준비는 차 밖에서 했는데 물도 전기도 들어 오지 않았어요. 그리고 여진은 끊임없이 발생하고 있었어요. 무려 624번의 여진이 있었지요.

바기오 나사렛대학에서는 저희에게 학교에 와서 머무르라고 했어요. 학교에 계셨던 맥마혼 부부께서 한번은 주일날 저희 교회를 방문해 주셔서 지낼 곳을 마련했으니 어서 오라고 하셨어요. 하지만 저는 그곳에서 오래 지낼 수가 없었어요. 교인들이 교회로 자주 찾아 오기에 저는 교회에 있어야 한다고 생각했어요. '목자는 한 명, 한 명 교인들을 만나고 용기를 주기 위해 교회를 지켜야 한다.' 저는 그렇게 생각했어요, 선생님.

저는 너무나 다른 두 가지 부류의 충고 사이에서 갈등을 했어요. 한가지 충고는 한국에서 목회를 하시는 아버지의 충고였어요. 아버지께 전화를 드렸을 때, "아들아, 너는 죽어도 교회에서 죽어야 한다." 라고 말씀하셨어요. 어머니도 역시 "목자가 교인들과 함께 하는 것은 아주 중요해. 절대 교회를 떠나지 말아라."하고 말씀하셨어요. 한국인들의 우선 순위는 첫째가 하나님, 둘째는 사역, 그리고 마지막이 가족이에요. 하지만 서양사람들에게는 하나님, 가족, 그리고 사역의 순이지요.

한국에 있는 가족과 친구들은 모두가 제가 교회에 머물러야 한다고 충고했어요. 그래서 저는 교회에 남았어요. 하지만 아내는 콜레라와 장티푸스가 돌고 있는 바기오에서 어린 두 아이와 너무나 힘든 시간을 보냈어요. 아내는 아이들과 마닐라에 잠깐 가 있을 테니 항공편으로 데려다 달라고 했어요. 하지만 저는 그런 아내에게 이렇게 말했어요. "여보, 나는 절대로 교회를 떠날 수가 없소." 그리고 아내에게 나와 함께 교회에 남아 있자고 했어요.

그러자 아내는 저에게 다시 한번 같은 청을 했어요. 미국 선교사님들은 아내와 함께 가서 가족을 먼저 돌보라고 충고해 주었어요. 그것이 제 사역보다 먼저라고 했지요. 하지만 저는 도저히 그렇게 할 수가 없었어요. 그리고 그런 제 판단이 맞다고 믿었어요. 그래서 아내를 두 아이와 함께 홀로 떠나 보냈어요. 저는 혼자서 바기오에 남았어요.

그것은 아주 심각한 위기를 가져왔어요. 아내는 마닐라에서 저의 보살핌 없이 지내야 했어요. 아내는 다른 가족들의 사생활 침해를 하기 싫어서 이 집 저 집 옮겨 다녀야 했어요. 한마디로 지낼 곳이 없었던 거에요. 제 도움이 필요했어요. 하지만 저는 가족들을 외면했고 교회와 사역에만 신경을 썼어요.

약 한 달 뒤에, 교인들을 위한 의료 사역일 때문에 마닐라를 잠깐 방문하게 되었고 아내를 만나서 이렇게 말했어요. "바기오로 빨리 돌아가서 교인들을 도와야 해." 그리고 한국에서 오신 의료 사역팀과 함께 약품, 백신, 그리고 쌀을 들고 바기오로 돌아왔어요.

아내는 저의 이런 행동에 아주 깊게 상처를 받았어요. 하지만 선생님, 저 역시 상처를 받았지요. 아내에게 저와 함께 바기오로 돌아가자고 했거든요. 저는 아내의 도움 없이는 혼자서 살아 남을 수가 없다는 것을 알고 있었어요. 하지만 아내는 그냥 마닐라에 남았어요.

저는 계속해서 여러 사람들의 다른 충고 사이에서 갈등을 했어요. 저의 형님 역시 제가 배운 그대로의 개념을 갖고 계셨어요. 교회를 먼저 생각해야 한다는 것이었어요. 형님은 서울에서 장로 교단의 목사님이시거든요. 지진 후 약 한 달이 지나, 필리핀에 오셨고 저를 보러 바기오에 오셨어요. 그리고 저희 교회에서 2 주간 설교를 하셨어요. 아주 많이 도와주셨어요. 형님은 마닐라에 있는 아내에게 전화를 걸었어요. "제수씨, 거기에 있으면 어떻게 합니까? 바기오에 계셔야지요."

형님이 바기오에서 주무신 첫날 밤, 또 다른 지진이 일어났어요. 그리고 형님은 주무시던 침대에서 굴러 떨어지셨어요. 그러자 형님은 다시 아내에게 전화를 겨셨어요. "제수씨, 내가 지금 보니 아직은 여기에 오실 적당한 때가 아닌 것 같아요. 그러니 지금은 그냥 거기 계세요. 집이 빨리 구해 질 수 있도록 기도할 께요. 그리고 경비는 제가 대겠습니다. 아직 바기오에 오시면 안됩니다."

선교팀의 사역이 끝난 후, 저는 마닐라에 다시 내려 갔어요. 그 때에는 아내의 마음이 이미 저에게서 떠난 상태였어요. 그리고 제 마음도 아내에게서 멀어져 있었지요. 마닐라에서 렌치 박사님 댁에서 머무르고 있었을 때, 사모님께서는 저에게 이렇게 부탁하셨어요. "김 목사, 제발 가족을 좀 돌보세요. 아이들 엄마가 원하는 건 뭐든 지 해 주세요. 100프로 의견을 수렴하세요."

그건 그 동안 한국에서 오신 분들에게서 들었던 충고와는 아주 다른 충고였어요. 저는 아내에게 다시 가서 함께 바기오로 돌아가자고 부탁했어요. 그리고 함께 가족 예배를 드리면서 우리는 서로에게 모든 것을 털어 놓는 기회를 가졌어요. 아내는 자신이 그 동안 얼마나 상처를 받았는지 털어 놓았어요. 저 역시도 상처를 받았다고 얘기 했어요. 하나님의 은혜로 저희는 다시 결합하고 바기오로 돌아갈 수가 있었어요.

나중에야, 저는 가족을 돌보는 일이 사역보다 먼저라는 사실을 깨닫게 되었어요. 그렇게 되었어야 했어요. 그런 사실을 깨닫기까지 오랜 시간이 걸린 거에요. 사도 바울이 에베소서에서 믿는자의 삶에 대해 적었을 때에, 이 부분이 분명히 설명되고 있지요. 하지만 우리 나라에서는 아직 그렇지가 않아요. 가족보다는 사역에 우선 순위가 있어요.

10. 바기오 나사렛 교회

선생님, 제가 어떻게 해서 이 바기오 나사렛 교회에 오게 되었는지 설명을 드려야 겠지요. 제가 박사과정에 있었을 때, 바기오 제일 나사렛교회에는 목사님의 사임으로 사역자가 없었어요. 그 목사님은 미국으로 이민을 가셨거든요. 제 필리핀 친구였고 바기오 나사렛대학의 교수였던 테레소 카즈노에게서 그 얘기를 들었어요. 그는 그 교회의 초청 설교자였는데 저에게도 그 자리를 청했어요. 그래서 그 교회에 가게 되었어요. 그전에는 바기오 나사렛교회 내의 예배에 참석하고 있었어요.

그리고 7월에 저는 주일 아침 저녁 부흥회를 인도했어요. 10주에 걸친 부흥회였어요. 부흥회가 끝난 후 저는 교회의 담임 목사로 들어가게 되었어요. 10월에 학교에서 나왔을 때, 전임 사역자로 일하게 되었어요.

필리핀에서의 목회는 한국과는 전혀 달라요. 왜냐하면 두 나라의 문화는 아주 많이 다르기 때문이지요. 아시겠지만, 필리핀 교회에서는 나사렛 장전을 따르지요. 한국에서는 중앙 총회에서도 한국의 문화와 관련된 교회 전통들이 받아 들여졌어요. 예를 들어, 한국에서는 운영 위원회보다는 장로회가 있어요. 장로들은 한국 사회에서 그 영향력이 크지요. 일단 집사나 장로가 되면 그 직분은 평생을 가요. 매년 재 선거를 하는 일은 없어요. 이런 시스템은 좋은 점과 나쁜 점 모두가 있어요. 제가 바기오 교회에서 목회를 할 때, 처음으로 느꼈던 부분이에요.

제가 느낀 또 다른 점은 이곳에서는 사람들이 시간을 지키지 않는다는 거에요. 예를 들어, 아침 예배가 오전 10시나 10시 10분쯤에 시작하고 11시 40분쯤에 끝나는 데 어떤 교인들은 11시나 되어서 교회에 오는 거에요. 저는 이 문제 때문에 무척 힘들어 했어요. 도대체 이 사람들은 왜 이렇게 늦게 오는 걸까? 예배가 끝나고 그 늦게 온 성도가 제게 와서 "목사님, 늦게 와서 죄송해요."하고 말했지만, 그 얼굴에는 전혀 미안한 표정이 없고 그냥 예의상 하는 말이라는 걸 알 수 있었어요. 저는 괜찮다고 말했고 다음부터는 제 시간에 맞춰 오겠지 하고 생각했어요. 하지만 다음 주도 그 분은 11시에 나타났어요. 지난 주와 같은 시간 말이에요! 그건 마치 질병과도 같았어요.

이 문제는 저를 정말 힘들게 만들었어요. 어떻게 하면 이 사람들을 제 시간에 오게 할 수 있을까? 저는 필리핀 친구에게 이 문제를 얘기했어요. APNTS에서 공부하고 있는 친구였어요. 이 친구는 어떤 교수님에게 들은 이야기를 해 주었어요. 그 분은 이렇게 말씀하셨대요. "만약 모임 시간이 9시부터 11시까지라고 합시다. 독일 사람이 9시5분에 도착했으면, 그건 그들에게 5분 늦은 거지요. 미국 사람들은 8시 55분과 9시 5분 사이에 도착하면, 시간 맞춰 잘 왔다고 하지요. 하지만 필리핀 사람들은 9시에서 11시 사이에 언제라도 도착하면, 그건 괜찮은 거에요."

그 분의 말에 따르면 독일인, 미국인, 심지어는 한국인들도 그들이 차고 있는 시계에 지배 당하고 있다는 거에요. 그건 기계주의의 산물이라고 해요. 하지만 필리핀 사람들은 모임 중심의 사람들이래요. 앞서 말한 다른 세 나라들보다는 한 층 높은 수준의 가치를 갖고 있다는 거에요. 말을 전해 준 친구는 저에게 이런 충고를 했어요. "김 목사, 그들이 좀 늦게 오더라도 비난하지 말게."

그와 이야기를 나눈 후에는 교인들이 늦게 와도 저의 마음이 훨씬 너그러워 졌어요. 제가 변해야만 했지요. 그 전에는 늦게 오는 사람들에게 "시간을 꼭 지키셔야 해요. 매일 늦는 건 치료해야 하는 병과 같아요."라고 말하곤 했어요. 하지만 이젠 그렇게 말하지 않아요.

우리는 한국교회처럼 금요일 밤마다 철야 예배를 드렸어요. 이 예배 때는 몇 분의 한국인들도 참석하셨어요. 25명에서 30명의 인원이 참석했어요. 아시겠지만, 한국 사람들은 기도를 큰소리로 드리잖아요. 어떨 때는 한참 동안이나 고성으로 기도를 드리지요. APNTS에서 공부했을 때도 한국 학생들은 매일 아침 새벽 예배를 드렸어요. 어느 날, 필리핀 친구들이 저희를 찾아 와서 불평을 했어요. "형제님, 저희는 어젯밤 늦게까지 숙제를 해서 이제 좀 자야 해요." 다음에는 다른 필리핀 친구들이 찾아 와서 불평을 했어요. "한국 사람들은 왜 그렇게 큰 소리로 기도를 해요?" 저는 이렇게 대답했어요. "형제님, 죄송합니다. 우리가 큰 소리로 기도를 할 수 밖에 없는 이유는 원래 빈 깡통이 소리가 요란하기 때문이에요. 보세요. 우린 빈 깡통이에요. 죄송해요."

그러자 그들은 그 동안 자주 불평해서 미안하다며 사과를 하고 돌아갔어요. 그리고는 더 이상 우리를 찾아오는 일은 없었어요.

필리핀에서는 성공적인 목회나 교회 내 관계들에 대해 비밀이 없어요. 한국의 목회자들에게는 잊을 수 없는 일이지요. 예를 들어, 제 오른쪽 발에 통증이 너무 심해 한 교인에게 부탁을 했어요. "저를 위해 기도 좀 해주시겠어요?" 저는 그 교인에게 제 아픈 발에 손을 얹고 기도를 해달라고 부탁을 했어요. 하지만 한국에서라면 이런 일은 불가능하지요. 목사가 평신도에게 자신의 아픈 곳에 손을 대고 기도해 달라고 부탁하는 일은 절대로 없어요. 한국에서는 절대로 있을 수가 없는 일이에요. 만약 그런 부탁을 한다 하더라도, 교인은 이렇게 말하고 저의 청을 거절할 거에요. "목사님, 저는 평신도에 불과한데 제가 어찌 감히 목사님의 몸에 손을 대고 기도를 해 드릴 수 있겠어요?"

선생님, 제 사역에 대해 또 한가지 나누고 싶은 이야기가 있어요. 치유사역에 관한 이야기에요. 한번은 교인의 가정을 방문해 가족 예배를 인도하고 있을 때였어요. 이 가정의 여자 집사님은 자신이 도저히 이해 할 수 없는 일이 있다며 울음을 터트렸어요. 아들 중의 하나가 미국에서 의사인데 그 아들은 소아마비에 걸리고 손자는 방광에 문제가 생겼다는 거에요. 집사님은 저에게 질문을 던졌어요. "목사님, 도대체 왜 이런 일들이 저에게 일어나는 거에요? 저는 가끔 하나님이 정말 사랑의 하나님이신지가 궁금해요. 왜 그렇게 올바른 사람들이 고통을 겪어야 하나요?"

저는 이렇게 대답했어요. "집사님이 집사님에게 일어나는 불행으로 불평을 하신다면, 저는 불평 할 수 있는 이유들이 얼마나 더 많겠어요? 하지만, 진정으로, 하나님께는 우리가 지금은 도저히 이해 할 수 없는 신성하신 목적이 있으세요. 언젠가는 알 날이 올 거에요."

저는 왜 하나님께서 어떤 자들은 고쳐 주시고 어떤 자들은 고쳐 주시지 않는 지 모르겠어요. 저희 아버지는 하나님께로부터 치유의 은사를 받으셨어요. 저희 교회에 오셔서 부흥회를 열었을 때, 하나님께서 치유의 기적들을 행하셨어요. 13명의 사람들이 하나님의 은혜를 입고 치유를 받았어요. 저는 정말 가슴이 벅찼어요.

제 주변 사람들은 이 치유의 역사에 대해 말하지 말고 조용히 하라고 충고를 해 주었어요. "마닐라에 있는 미국 선교사들에게 이 이야기를 하지 마세요. 만약 알게 되면, 김 목사는 카리스마파로 오해 받을 지도 몰라요. 그러니 신중하고 입을 열지 마세요."

그래서 제가 APNTS를 방문했을 때 미국 선교사들이 "아버님이 집회하신 부흥회는 어땠어요?"하고 물어도 저는 그냥 "괜찮았어요. 아주 좋았지요."하는 정도로만 대답을 했어요.

고돈 깁슨 선교사 부부를 만나기 전까지는 저는 사람들에게 그렇게만 대답했어요. 깁슨 목사님은 건축 담당자로 일하고 계셨어요. 깁슨 사모님은 미국에서도 치유 예배의 역사가 강하게 일어나고 있다고 말씀해 주셨어요. 저는 정말 놀랐어요. 그래서 저는 아버지가 집회하신 부흥회에서 13명이 치유받았다고 얘기했어요. 그 분들은 그 소식을 듣고 정말 기뻐하셨어요. 제가 사실은 이런 일을 이야기하는 것이 조심스러웠다고 말하자 이렇게 말씀해주셨어요. "미국 나사렛교회에서도 치유를 위한 예배를 드려요. 아픈 곳에 기름을 부어 치유하기도 해요." 선생님, 저는 아직도 나사렛 교단에 대해 모르는 게 많은 것 같아요. 특히나 치유사역과 같은 것들에 대해서는 말이에요…

치유에 관해 한가지 더 말씀 드리고 싶은 게 있어요. 천안 천성 나사렛교회에서 전도사로 섬기고 있을 때 같이 사역하시던 정목사님께서 천식으로 고생을 하고 계셨어요. 가을이 끝나갈 무렵부터 겨울까지 병원에 입원해 계셨어요. 치료비로 일년에 3천불 이상을 지출하고 계셨지요. 목사님께서 가정 예배에 저를 불러 주셨어요. "김 전도사, 기도 좀 해주시오. 이제 병원에 입원을 해야 할 것 같으니 기도가 절실히 필요해요." 하고 말씀하셨어요.

저는 그 집의 식구들을 모두 불러 기도를 시작했어요. 한 명씩 돌아가며 기도를 했어요. 제 손을 목사님에게 얹고 기도를 했어요. 정말 은혜로운 가정 예배였어요. 예배가 끝난 후, 집을 나오려는데 정목사님께서는 "김 전도사, 오늘 가정 예배를 드릴 때에, 성령님의 임재를 느낄 수가 있었습니다." 하고 말씀하셨어요.

그 뒤로 일주일이 지나고, 정목사님의 천식은 말끔히 없어졌어요. 목사님이 병원에서 검진을 받으신 후, 의사는 이렇게 말했답니다. "천식이 깨끗이 없어졌습니다."

그래서 목사님은 교회에 돌아 오셔서 성도들에게 "김 전도사가 내 병을 위해 기도를 한 후 병이 깨끗이 나았습니다." 라고 말씀하셨어요.

저는 그 일을 무척 자랑스럽게 생각했습니다. 그리고 이렇게 생각했어요. "이제 영적인 능력이 생겼구나. 이 능력을 주머니에 넣고 다니다가 언제든지 필요한 때 꺼내 쓸 수가 있겠어." 그 뒤로 교인들이 병을 치료 받고 싶다고 하면, 저는 이렇게 말하고 다녔어요. "걱정 마세요. 제가 정목사님의 병을 놓고 기도 했을 때, 깨끗이 치료 받았어요." 저는 치유 능력을 주머니에서 꺼내 발휘할 수 있다고 생각했어요.

아내는 이에 대해 걱정을 했어요. 저는 "신경 쓰지 말아요. 걱정 없어요. 하나님께서 나에게 그런 능력을 주셨는데 뭐."하며 안심을 시켰어요. 그러면서 저는 아픈 사람들을 위해 기도를 해 주었어요. 하지만 기적은 단 한번도 일어나지 않았어요. 병이 낫지 않았어요. 저는 고민에 빠지고 도대체 무엇이 문제인 지 궁금해졌어요. 나중에야, 저의 태도가 잘못되었다는 걸 깨닫게 되었어요. 치유의 힘은 하나님에게서 오는 것이지요. 그 능력은 하나님의 것이었어요. 그래서 저는 치유의 힘이 필요할 때마다 하나님께 구했어요. "주여, 저는 아무것도 아니오나 주님만이 제 마음에 계십니다. 주님의 능력으로 이 아픈 자를 고쳐 주소서!" 능력은 하나님에게서 오는 것이지 제 주머니 속에 있는 것이 아니었어요. 저는 치유 기도를 할 때마다 주님께 구했어요. 그런 진리를 알기 까지 몇 년이 걸렸어요.

그런 일이 있은 후로, 사역에 관한 다른 여러 가지도 배우게 되었어요. 이곳에서 겪은 짧은 경험들을 통해 중요한 것을 배우게 되었어요. 저는 구제 사역에 관한 저의 관심들을 새롭게 할 필요가 있었어요. 저희 가족은 바기오에서 19시간 떨어진 비콜이라는 지방에 가서 제자 교육을 맡은 적이 있어요. 테레소 카즈노형제가 강해 설교 세미나를 주최했지요. 비콜은 아주 빈곤한 지역이에요. 라디오가 있는 집이 몇 가정 있었고 TV는 찾아 볼 수도 없었어요. 사람들은 신문을 사서 볼 수 있는 돈이 없었어요. 그들은 국내나 외국에서 어떤 일들이 일어나고 있는 지 알 길이 없었어요. 교회 목사님도 시계를 차고 다니지 못했어요. 다른 교회 목사님들도 마찬가지였어요. 그래서 설교가 한 시간이고 두 시간이고 계속되는 거지요. 설교중에 사모님이 싸인을 보내면 이제 그만 할 시간인가 보다 하는 거죠. 저는 바기오로 돌아오기 전에 제 손목시계를 그 목사님께 드리고 왔어요.

비콜 지역은 태풍이 잦은 곳이에요. 일년에 25에서 30차례의 태풍이 오지요. 사람들은 태풍의 피해를 많이 입어요. 그래서 이 지역이 그렇게 가난한 것이지요. 그들은 교회에 가고 싶어도 차비가 없어서 가지를 못해요. 저는 지금도 이 사람들을 자주 생각해요. 시계가 생길 때마다 모아서 그들에게 보내주어요. 생각 같아서는 라디오도 보내주고 싶었는데 그러지는 못했어요. 저는 이런 문제 때문에 마음이 늘 무거워요. "주님, 자비로운 마음이 넘치는 목사가 되게 해 주세요." 그것이 저의 기도입니다.

저는 바기오에서, 필리핀 현지교회에서 목회하고 있는 것이 정말 좋아요. 몇 개월밖에 있지 못했지만, 하나님께서 저를 이곳에서 어떻게 쓰시는 지 볼 수가 있어요. 사람들은 저를 좋아하고 저도 그들을 좋아해요. 저는 이렇게 생각해요. 교육이나 다른 부분에 있어서도 이 사람들을 제 기준으로 맞추려고 노력하지 말아야 한다고요. 만약 그렇게 하려고 한다면, 저는 아마도 실패하고 말 거에요. 오히려 제가 그들의 눈높이로 내려가야겠지요. 그들의 손을 잡을 거에요, 손에 손을 잡으면 조금씩 조금씩 나아질 거에요. 하지만 제가 저의 권위를 주장하고 제 기준으로 끌어 올리려고 한다면, 저는 그 어느 곳에서도 성공하지 못 할거에요. 선생님, 1990년 3월에 필리핀 중앙 루손 지역 총회에 제출했던 보고서를 한 부 보내드립니다. 그 보고서를 제출하고 참 뿌듯했었어요.

목회 보고서

중앙 루손 지역 총회 1990년 3월

저는 필리핀 중앙 루손 지역의 일원이 된 것이 무척 기쁩니다. 저를 동역자로 받아 들여 주셔서 감사 드립니다. 지금 저의 마음은 기쁨과 평화로 가득합니다. 할렐루야!

제가 교회에 와서 알게 된 첫 번째 사실은 우리 교회가 지난 1985년 이후 지역 총회에 5년간의 빚이 있다는 것이었습니다. 저는 제직회를 모아 이렇게 장려했습니다. "함께 노력해 봅시다. 교회가 모든 빚을 갚기 전까지는 사례비를 받지 않겠습니다. 쉬운 쪽으로 결정하도록 노력해 봅시다." 저희 식구는 먹을 것이 없어 굶은 날이 많았습니다. 하지만 교인들은 스스로 쌀과 고기, 야채 등을 저희에게 갖다 주기 시작했습니다. 그들도 역시 날마다 희생하고자 했습니다. 할렐루야! 그래서 우리 교회는 1987년, 1989년, 그리고 올해의 지역 총회 상납금을 모두 납입했습니다. 우리 교회가 지역 총회 상납금을 완납한 첫 번째 교회가 되었습니다. 하나님께서 교회 빚의 80%나 갚을 수 있도록 도와주셨어요. 비록 지금은 제가 사례금을 다시 받고는 있으나, 나머지 차액도 갚고 교회 채무를 정리할 수 있도록 노력할 것입니다.

제가 받는 사례금은 저에게는 1만 달러보다도 훨씬 많은 가치가 있는 것입니다. 왜냐하면 그 안에는 우리 교인들의 사랑과, 관심, 따듯한 마음, 그리고 그들의 눈물이 베어 있기 때문입니다. 저는 지금 필리핀에서 가장 아름다운 사옥에 살고 있습니다. 온수기도 있고, 110, 220V 겸용인 교회 냉장고도 사용하고 있습니다. 새로 페인트 칠을 한 우리 사옥은 아주 멋진 주님의 둥지입니다. 사옥 안에는 세 가지의 자유가 있습니다. 찾아 온 사람들이 마음대로 커피를 타 먹을 자유, 먹고 마신 그릇과 컵을 마음대로 씻어 놓을 자유, 또 가져 가고 싶은 것을 마음대로 가져갈 자유입니다.

1989년 마지막 목회자 모임이 있었을 때였습니다. 저는 스티븐 맨리 박사의 설교에 엄청난 도전을 받았습니다. '이제는 밖으로 나갈 때입니다, 교회 밖의 사람들에게 관심을 갖을 때입니다'라고 말씀하셨습니다. 우리 교회는 산간 지방에 있는 루 교회를 자매 교회들 중 하나로 삼아 보조 지원하면서, 선교 중심의 교회로 방향을 잡았습니다. 앞으로 3년 후에는 12개의 개교회들을 지원하려고 계획하고 기도하고 있습니다. 그것이 우리 교회의 비전 중의 하나입니다.

우리는 훈련이 끝난 후에도 선교 가교 (Mission Bridge) 학교 훈련 프로그램을 실시하고 있습니다. 전도사역은 4월 셋째 주까지 계속될 것입니다. 우리 교회는 예수 전도단에서

파송한 세 명의 선교사를 배출했습니다. 한 명은 싱가폴에, 다른 선교사는 스위스에, 또 다른 선교사는 본톡에 있습니다. [이 지역은 바기오의 북쪽에 위치한 산간지방이다.] 저희는 그들의 모교회로 정기적으로 선교 보고를 받고 있습니다. 그렇습니다. 우리는 우리 주 예수 그리스도의 복음을 전하기 위해 부르심을 받았습니다. 아직 전도 받지 못한 모든 족속들에게 구원과 완결 성결의 메시지를 전할 부르심말입니다.

1990년 우리 교회 표어는 "일어나라 빛을 발하라" (이사야 60장 1절)입니다. 금요 철야 예배는 서로의 고충을 나누고 함께 기도 드림으로 우리를 예수님의 사랑의 끈으로 묶어 줍니다. 매달 첫 째 주일마다 열리는 pastor's shower (목회자를 위한 답례품 전달식)을 통한 성도들의 사랑은 저에게 또 하나의 크나 큰 축복입니다. 제 7지역의 교회간의 관계도 많이 좋아지고 있습니다. 지난 우리 교회 부흥회때 피코, 캠프 당와, 그리고 대학 교회들도 함께 참여해 많은 도움을 주었습니다. 앞으로도 함께 힘을 합쳐 사역할 것입니다. 우리 모두가 서로의 차이와 장애물들을 극복하고 그리스도의 지체를 이루어 나갈 것입니다.

한번은 우리 교회 장로님께서 눈물로 저에게 이렇게 고백

하신 적이 있습니다. "김 목사님, 목사님을 사랑합니다. 외국인이어서가 아닙니다. 목사님을 사랑합니다. 박사 공부를 하셨기 때문이 아닙니다. 목사님, 사랑합니다. 왜냐하면 저희들의 목자이시기 때문입니다."

정말이지 제가 한 일을 아무 것도 없습니다. 오직 내 안에 계신 그리스도가 하셨을 뿐입니다. 왜냐하면 저는 "그리스도와 함께 십자가에 못 박혔나니 그런즉 이제는 내가 사는 것이 아니요 오직 내 안에 그리스도께서 사시는 것이라 이제 내가 육체 가운데 사는 것은 나를 사랑하사 나를 위하여 자기 자신을 버리신 하나님의 아들을 믿는 믿음 안에서 사는 것"이기 때문입니다. [갈라디아서 2장 20절]

존경하는 마음으로 김 성갑 목사 드립니다.

저는 조지 렌치 박사님과 같은 훌륭한 리더들이 계셔서 저를 도와 주시니 얼마나 감사한 지 몰라요. 그 분은 계속 연락을 주시고 제 편지에도 꼭 답장을 써 주세요. 제가 7월 16일 지진에 대해서 편지를 썼을 때도 박사님은 저에게 바로 답장을 주셨어요. 그 편지를 선생님께 보내 드릴께요.

1990년 7월 23일

수취인: 김성갑 목사
MCPO 사서함 556 마카티 1299번지
메트로 마닐라

김 목사

지진에 대한 김 목사의 편지가 금방 내게 도착했습니다. 김 목사의 경험들을 읽고 정말 마음에 감동이 옵니다. 김 목사의 가족들을 포함해 다른 교인들도 쉽게 목숨을 잃거나 부상을 당할 수도 있는 상황에서 하나님께서 보호해 주셨으니 얼마나 감사한 지 모르겠습니다. 참으로 하나님은 선하신 분이십니다. 김 목사가 주일날 '하나님은 아직도 사랑의 하나님'이라고 설교한 것처럼 말입니다.

우리는 왜 선량한 사람들이 다쳐야 하며 고통을 당해야 하는 지 알지 못합니다. 이러한 시간 가운데에서도 우리를 보호하시며 지켜주시는 것은 오직 하나님의 특별하신 은혜이시며 사랑이십니다. 물론 많은 사람들이 왜 하나님께서 믿는 자 한 사람 한 사람을 지진으로부터 보호하지 않으셨는지 궁금해하고 질문하겠지요. 나사렛 교인들은 아직까지 한 사람도 심한 부상을 당한 사람이 없다고 들었지만, 그래도 다른 선량하고 믿음 좋은 자들이 부상과 죽음으로부터 자유롭지 못했다고 들었습니다.

주님이 이 세상에 다시 오실 때까지는 고통과 괴로움에 대한 질문은 해결이 되지 않겠지요. "시간이 지나면 우리도 조금씩 알게 되겠지."라는 찬양 구절처럼 말입니다.

오늘 아침에는 대니 맥마한 목사와 이야기를 나누었습니다. 김 목사가 가족과 함께 자기네 집에 머물렀었다고 얘기해주었습니다. 그리고 김 목사가 가족과 함께 바기오로 돌아가게 되어 기뻐했습니다. 오늘 아침 일찍 한국으로 전화해 김 목사와 가족은 아무런 부상 없이 무사하고 교회 건물만 심하게 상했다고 연락을 했습니다.

한국 교회에서 이 비극적인 상황을 위해 특별 기금 마련을 위한 집회를 열어, 이 기회에 바기오 나사렛 교회를 재 건축 할 수 있도록 도울 수 있다면 참 좋을 텐데 말입니다!

윌리엄 목사는 오늘 아침 내 사무실에 와서는 김 목사와 교회를 위해서 재정적인 보조를 위해 힘써보겠다고 했습니다. 전 세계 나사렛교회들에서도 바기오 제일 나사렛 교회에 있는 우리 식구들을 돕기 위해 힘을 다 할 것입니다. 교인들에게도 우리의 기도, 사랑과 관심을 전해 주시기 바랍니다.

조지 렌치

렌치 박사님의 편지는 저에게 정말 용기를 주었어요. 하지만 몇 주일이 지나자, 저는 혼란스러워지고 용기를 잃게 되었어요. 아마도, 제가 너무 많은 일들을 하려고 했었나 봐요. 저는 지진으로 인해서 사회 복지일에 가담하였어요. 교인들은 도움이 필요했고 저는 마닐라에서 오는 구제품들과 나사렛 구제 사역에서 오는 도움을 보급 받을 수가 있었고 그 일들을 두 번 이상 담당해서 진행했어요. 저는 교인들과 다른 지역 사람들을 돌보느라 바빴어요. 정말 그 일에는 전문가가 되어 가고 있었어요!

동시에 저는 예배와 설교 준비에 대한 열정을 잃어 버리고 말았어요. 목회와 사회 복지 일을 동시에 감당 할 수가 없었어요. 그래서 렌치 박사님께 모든 것을 털어 놓았어요. "박사님, 저는 이 두 가지 일을 다 잘 해낼 수 없을 것 같습니다. 아마도 목회를 그만두어야 할 것 같습니다. 저는 좋은 목자가 아닙니다. 지진이 난 후, 교회에 많은 사람들이 몰려 왔습니다. 저의 일은 그들을 방문하고, 보살피고, 영적인 필요를 채워줘야 하는 것이었습니다. 하지만 제 몸 상태로는 도저히 그렇게 할 수가 없었습니다. 제가 도대체 무슨 목자란 말입니까? 어떨 때는 제 몸이 피곤하니까 교인들의 수가 많아질까 봐 두려워한 적도 있습니다. 만약에 교인의 수가 늘었다면 저는 아마 큰 문제에 봉착했을 겁니다. 저는 정말로 훌륭하지 못한 목자입니다. 그러니 아무래도 그만두어야 할 것 같습니다."

선생님, 그러자 렌치 박사님은 저에게 다시 편지를 주시고 큰 용기를 주셨어요. 이 편지도 선생님께 보여 드릴께요.

1990년 11월 2일
수취인: 김성갑 목사
바도 당와 거리 4번지
구이다드
2600 바기오
김성갑 목사에게

지난 10월 17일에 고민과 마음을 쏟아 놓은 김 목사의 편지를 받았습니다. 김 목사, 하나님께서 김 목사를 축복하시고, 도우시고, 강하게 하시기를 위해 기도합니다. 불충분하다고 느끼고, 무력하고, 지친 마음들은 사탄이 주는 것이지 아무런 다른 근거가 없는 것입니다.

우리 모두는 지진과 그 여파들을 통해 보여준 김 목사의 지혜와 강인함, 그리고 활기찬 리더십에 얼마나 은혜를 받고 용기를 얻었는지 모릅니다. 주님은 정말로 김 목사를 사용하고 계십니다. 김 목사는 교인들에게 헌신되고 충실한 목사가 됨으로서 그것을 충분히 증명했습니다. 나는 어떤 누구도 김 목사처럼 이 일을 해낼 수 있었으리라고 생각하지 않습니다.

하나님께서 직접 관여하시고 은혜가 넘치기를 기도합니다. 우리는 김 목사를 위해 계속해서 기도하고 지원할 거라는 걸 잊지 마십시오.

조지 렌치 보냄

하나님께서는 정말 저희를 직접 찾아 오셔서 관여하셨어요. 제 마음 깊은 곳에 충실한 목자가 되겠다는 굳은 결심이 섰어요. 지금 저는 우리 교회를 위한 장기 계획을 세우고 있어요. 5개년 계획이에요. 준비가 되면 제직회에 제출할 거에요. 선생님, 앞의 목회 보고서에서 읽으신 것처럼, 앞으로 3년 후에 12개 교회를 지원하는 계획을 포함한 앞으로의 비전은 주님의 은혜로 꼭 현실화 될 거에요. 우리 교회를 위한 하나님의 계획이 모두 이루어지기를 기도하고 있어요. 저와 아내는 우리의 삶의 비전들도 이루어 질 수 있도록 기도 드려요. 하나님은 저희에게 한국의 장애인들을 위한 미래의 사역을 준비시키고 계세요.

최근 몇 년 동안 저는 계속해서 '하나님의 은혜가 내게 족하다'라는 말씀을 떠올리며 살아 왔어요. 제가 뇌수술을 받았을 때도 그랬고 몇 개월 전 눈 수술을 받았을 때도 마찬가지였어요. 저의 과거뿐 아니라 현재, 그리고 미래에 관한 시 한 편을 적어 보았어요.

내 은혜가 네게 족하다

내 설교를 통해 저들이 은혜를 받을 때
그분의 뜻에서 내가 멀리 있을 때
내가 갈등하는 순간에도
고통은 항상 거기 있네

송곳으로 꿰뚫는 듯 선명한 아픔
내 몸에 가장 연약한 오른 발
잔인하게 다리를 조이는 고문
아홉 달 동안의 아픈 주사 맞기
그러나 고통의 저편에 숨겨진 말씀
내 은혜가 네게 족하다
아!
이것이 예수 그리스도의 흔적
이것이 내 등에 있는 성령의 인치심
내가 잠들기까지
두 세 시간씩 지속되는 맛사지
당신의 손길은 내게 은혜롭습니다

이제 그것을 자랑하기 원합니다
오늘 하루가 내게 위대합니다
내가 만난 모든 이들이 소중합니다
이제 이 고통을 벗어 버리렵니다

내 이를 꼭 물고
내 얼굴은 땀으로 뒤 덮입니다
내 머리엔 희미한 의식뿐

그러나 고통의 저편에 빛을 볼 수 있지요
청명한 바다만을 바라봅니다
아름다운 빨간 장미 향기를 맡으며
희망찬 세계가 내 손에 있지요

내 의사는 말합니다
시각 편차 16
안진증(뇌신경 장애)
수술 불가능
뇌종양
다른 뇌수술 후유증인 두려움
뇌에서 신장으로 연결된 튜브
두 세 겹으로 보이는 시력

이것입니다 그러나
내 은혜가 네게 족하다
분에 넘치는 사랑으로 오늘을 살지요
더 이상 내가 아닙니다
그러나 오직 질그릇 속에 보배 되신 분
내 삶을 다스리시네

범사에 괴로움을 당하나
무너지지 않으며
핍박을 당하나
버림받지 않으며
찔림을 당하나
멸망치 아니하며
항상 내 몸에 지닌 것은
예수의 죽음
예수의 생명이
내 몸에서 나타나게 함이라

내 은혜가 네게 족하다

11. 문화적 차이

선생님, 필리핀 문화는 정말 독특해요. 진짜로 두 가지 문화가 공존해요. 하나는 아직 문명의 때가 묻지 않는 것이고, 다른 하나는 현대적인 것이에요. 바기오북쪽으로 높이 올라간 산간 지방에서는, 첫 번째 문화를 발견할 수가 있어요. 몇 천 년의 역사는 사람들의 삶을 그다지 변화시켜 놓지 않았어요. 지역에 따라서 조금씩 다른 관습들을 가지고 있어요. 예를 들면, 한 지역에서는 장례식을 불 근처에서 치뤄요. 사람들은 불 주위를 돌면서 춤을 추어요. 죽은 시체도 역시 불 근처에 두어요. 이 관습은 아직도 지켜지고 있어요.

도시에 있는 현대화된 문화는 스페인과 다른 서양국가들의 영향을 많이 받았어요. 제가 알기로 필리핀은 먼저 스페인에 의해 식민지화되고 나중에는 미국, 그리고 나서 일본의 정복을 받았어요. 이 나라들이 필리핀에 남겨 준 영향을 볼 수가 있지요.

제가 필리핀에 온 이후로, 문화적 차이로 인해 고충을 겪은 적이 한 두 번이 아니에요. 한국 사람들로서는 이해가 가지 않는 부분이 많이 있지요. 한 가지 예로, 한번은 한국사람들과 함께 필리핀 농촌 지역을 방문한 적이 있었어요. 농부들은 소를 옆에 묶어 놓고 나무 그늘아래서 늘어지게 낮잠을 자고 있었어요. 그 소들은 카라바우라고 부르지요. 방문객 중에 한 명이 저에게 물었어요. "필리핀 사람들은 왜 저렇게 게을러요?"

저는 이렇게 대답했어요. "그들은 게으르지 않아요."

"하지만 농부들이 점심 시간에 나무 밑에서 자고 있는 걸 봤어요. 일하고 있어야 하는 거 아닌가요? 이럴 때 뭐라고 말씀하시나요, 목사님?" 그는 말했어요.

저는 이렇게 대답했어요. "저 소들도 좀 쉴 시간이 필요해요. 점심 시간 같은 때 말이에요. 농부들은 소들도 가족처럼 아끼고 존중하는 거에요. 그래서 소가 좀 쉴 수 있도록 같이 쉬는 거죠." 한국 사람들 같으면 아마도 억지로 일하게 시켰겠지만 필리핀 사람들은 그러지를 못하지요.

또 하나는요, 선생님도 한국에서 느끼셨겠지만, 한국 사람들은 늘 바쁘잖아요. 교통이 막혀도 못 참지요. 황색 신호등이 켜지면, 파란불로 바뀔 때까지 기다려야 하는데, 기다리지 못하고 노란불에 그냥 달리지요. 앞차가 가지 않으면, 뒷차는 계속 빵빵 거리고요. 한국사람들은 항상 바쁘게 사는

데 그건 그냥 그들의 문화지요. 그것으로 인해 우린 너무 많은 실수를 범해요. 필리핀 사람들은 안전한 걸 좋아하고 그래서 잘 참아요. 우리는 이런 점을 배워야 할 것 같아요.

처음에는 이런 점을 잘 느끼지 못했지만 그게 사실이에요. 필리핀에서는 운전 법칙이 별로 복잡하지 않아요. 한국에서는 무척 엄격하지요. 하지만 교통 사고 사고율은 차들로 복잡한 필리핀보다 한국이 더 높다고 해요. 이런 점들이 이유가 아닌가 싶어요. 혹시라도 필리핀 운전자가 금지된 지역에서 마음대로 유턴을 한다 해도 다른 운전자들은 절대로 화를 내지 않아요. 그들의 이런 태도에 정말 놀랐어요.

또 필리핀에서는 가족 관계가 아주 강해요. 예를 들면, 만약에 가족 중 누가 부자가 되면 다른 식구들은 그 집에 가서 같이 사는 거에요. 미국에서라면 이런 일은 불가능하겠지요. 다른 사람들에게 간섭 받으며 살기를 원치 않을 테니까요. 미국사람들은 사생활을 중요시 여기지요. 사생활도 중요하겠지만, 필리핀에서는 사생활이라는 것은 거의 존재하지 않아요. 부자가 된 사람은 당연히 다른 식구들을 먹여 살릴 생각을 하는 거에요.

물론, 한국에서도 가족 관계는 강한 편이지요. 그러니 이 두 나라도 공통점은 있는 거에요. 두 나라 모두 가족을 위한 공휴일이 있지요. 한국에서는 가을에 지내는 추석이 있지요. 미국에는 추수감사절이 있지요. 어떤 사람들은 한국의 추석이 추수감사절이라고 말하는 데 저는 그 말은 틀렸다고 생각해요. 추석은 온 가족이 한 자리에 모이는 아주 중요하고 큰 명절이에요. 그들은 조상의 묘를 방문하고, 그 곳에서 음식을 차린 상을 준비하고, 차례를 드리지요. 물론 그건 믿지 않는 자들의 예식이지요.

필리핀의 성인의 날 (All Saints' Day)은 추석과 거의 비슷해요. 가족들이 함께 모여, 조상들의 묘를 찾아 가고, 음식을 차리고, 예를 행하지요.

한국에서 가족들이 모이는 또 다른 큰 명절은 구정이지요. 음력이기 때문에 매년 날짜가 달라져요. 작년에는 2월 16일이었어요. 올해는 2월 9일이었고요. 어떨 때는 1월 마지막 주가 되기도 해요. 모두가 함께 모여서 어른들께 바닥에 무릎을 꿇고 큰 절을 올려요. 그러면 어른들은 아이들에게 나이에 맞게 용돈을 주셔요. 제가 어렸을 때에는 절을 하기 위해서 여러 집들을 다니곤 했어요. 여러 집을 돌려면 아침 일찍 일어나야 했죠. 어른들을 찾아가서 큰 절을 올렸어요. 그러면 저에게 세뱃돈을 주셨어요. 우리의 관심사는 몇 집을 찾아가서 얼마나 세뱃돈을 벌어 왔는지 였어요.

한국에는, 나이가 많거나 적거나 가족들을 축하하는 특별한 날들이 있어요. 예를 들면, 부모님이 60번째 생신을 맞으시면 환갑이라는 큰 잔치를 벌이지요. 이 날은 태어나서 만으로 60세가 되는 해, 즉 자신이 태어난 해의 갑자가 60년 만에 다시 돌아오는 해의 생일이기 때문에 아주 중요한 날이에요. 환갑까지 살면, 살만큼 살은 것이고 죽어도 여한이 없다고 해요. 저희 아버지는 1991년 6월 6일에 환갑을 맞이하실 거에요. 자식들이 모여 큰 절을 올리며 잔치를 열겠지요.

또 아기가 100일 되어도 큰 잔치를 벌여요. 음식을 준비하고 친지들과 친구들을 초대하지요. 백일 반지를 선물로 받아요. 아기가 100일 동안 아무 탈 없이 살아 준 것을 기뻐하는 행사에요. 많은 아기들이 100일이 되기까지 생존하지 못했던 때에 생긴 관습이지요. 그것이 100일 잔치를 하는 원래 이유에요. 요즘은 아기의 돌잔치를 열어 축하하지요. 아기가 뱃속에 있던 아홉 달과 태어난 지 100일을 합쳐 일년이 되는 거지요. 미국아이들은 첫 번째 생일이 되면 1살이 되지만, 한국 아이들은 위와 같은 이유로 2살이 되어요.

선생님, 아이들에 대해서도 문화적인 차이가 있어요. 죠 에드린이 바기오 저희 집을 방문했을 때, 제가 혜진이에게 "혜진아, 너는 누구니?"하고 물었어요. 혜진이는 "김 목사님 딸이에요."하고 대답했어요. 죠는 "목사님이 그렇게 가르치셨어요?" 하고 물었어요. 저는 그렇다고 했지요.

죠는 제가 이상한 사람인 냥 쳐다 보았어요. 저를 왜 그런 눈으로 쳐다 보았는지 모르겠어요. 제가 아이에게 "아빠는 김 목사님이야" 하고 말하게 한다면 미국 사람들은 아빠와 딸 사이에 큰 벽이 있는 것처럼 느끼겠지요. 하지만 한국에서는 어릴 때 일수록 빨리 이런 형식에 맞는 호칭을 가르쳐 주어요.

한국에서는, 아이들의 이름을 지을 때 따르는 전통이 있어요. 형제들의 이름의 석자 중, 두 글자는 같아요. [한국에서는 성이 먼저 온다] 하지만 이 관습은 아들들에게만 해당되고 딸들은 제외에요. 제 이름이 김 성갑이지요? 저희 네 형제의 이름은 모두 '갑'자로 끝나요. 요즘 한국에서는, 특히나 많은 크리스찬들은, 자식들의 이름을 지을 때 이런 전통을 지키지 않는 경우들이 있어요. 바기오에 있는 저의 한국 친구도 아들의 이름을 "창조"라고 지었어요. 또 다른 친구는 "정직"이라고 지었지요. 저도 아들 정현이(바울)에게는 성경적인 이름을 지어주려고 생각하고 있었어요. 하지만 아버지께서 강하게 반대하셨어요. "아들아, 너는 나사렛교단의 목사이니 우리 전통을 따라야 한다." 선생님, 저는 우리 사회를 거스를 만큼 용기 있는 사람은 아니에요. 어떤 사람들은 가풍을 지키지 않기 때문에 거의 집에서 쫓겨나다시피 하는 사람들도 있지만 그 사람들은 그만큼의 용기가 있는 것이지요.

선생님, 제가 필리핀에서 느낀 또 다른 사실이 있어요. 쿠데타에 관한 거에요. 제가 필리핀에 온 이후로 아주 여러 차례에 걸쳐 일어났어요. 하지만 참 이상했어요. 제가 한국에서 본 것과는 참 다른 의미의 쿠데타였어요. 마닐라에서는 쿠데타가 일어나면 오직 한 채널만 전국 방송을 해요. 제가 "누가 이겼어요? 정부에요 반정부군이에요?"하고 물으면 사람들은 "어느 쪽도 안 이겼어요." 하고 대답했어요. 전국으로 방영되는 방송국이기 때문에 정부편도 쿠데타를 일으킨 편도 들지 않는 거에요. 방송국은 무슨 일이 일어 나고 있는 지 설명하기도 하고, 정부쪽 사람이 나와서 정부를 위한 캠페인을 여는가 하면, 쿠데타를 일으킨 쪽에서도 나와 자신들의 입장을 밝히기도 했어요. 이런 일들이 한 방송국에서 방영되다니

저는 도저히 이해할 수가 없었지요.

마닐라의 쿠데타는 일종의 게임이나 마찬가지에요. 총격전이 시작되면 사람들은 도망 다니고 건물 뒤에 숨어 있다가, 끝나면 나와서 어떤 사람들은 정부편을 들면서 환호하고 어떤 사람들은 반대파를 위해서 환호해요. 그들은 심지어 이런 싸움을 하는 두 편에게 유명한 농구 선수 이름들을 부르면서 응원을 하기도 해요. 그냥 게임 같아요. 하지만 그건 그냥 게임이 아니에요. 그 안에서 사람들이 죽어가거든요. 한국에서라면 절대로, 절대로 있을 수 없는 일이에요.

우리 교회 안에서도 다른 점들이 많이 있어요. 목회자를 대하는 태도에 있어서 한국과 필리핀은 좀 달라요. 한국에서는 목회자는 무조건 존경 받거든요. 교회에 다니건 안 다니건 제가 목사라고 하면 존경하고 우러러 보며 특별한 대접을 해주었어요. 지난 번 한국에 갔을 때, 친구와 함께 버스를 탄 적이 있었어요. 제 친구가 저 대신 목발을 들어 주었어요. 친구가 저를 "김 목사"하고 부르자 주위에 앉아 있던 승객들이 저를 다른 시선으로 보며 저에게 좋은 자리를 양보해주었어요.

목회자가 그런 존경을 받는 것은 그들이 갖고 있는 높은 위치 때문일 거에요. 그들은 높은 도덕적인 기준을 갖고 있지요. 담배나 술, 그리고 스캔들에도 휩싸이지 않아요. 지난 100년간의 한국 기독교 역사 중에 그런 스캔들에 얽혔던 분들이 몇 분 계신지는 몰라도, 제가 아는 한, 유명하신 목사님들은 그런 일에 휘말린 적이 한번도 없었어요. 필리핀에서는 스캔들에 관련되었던 목사라도 재기의 기회를 얻을 수 있으나 한국에서는 절대로 두 번째 기회란 없지요. 계속 목회를 하고 싶으면 다른 나라로 이민 가는 수 밖에 없을 거에요.

목회자가 존경을 받는다는 사실은 왜 여자들이 신학생들과 결혼하고 싶어 하는 지의 두 가지 이유 중에 하나에요. 10년 전에 서울의 이화여대에서 설문을 했어요. 첫 번째 질문은 '어떤 직업의 남성과 결혼하고 싶은가' 였어요. 선택된 직업 리스트 30개의 항목 중에서 목회자는 28번째였어요. 그리고 작년에 같은 설문 조사를 했어요.

이번에는 목회자가 첫 번째 항목이었어요. 선생님, 그 이유를 아세요? 첫 번째로는 목회자의 경제적 능력 때문이지요. 지난 10년 동안 많이 향상 되었거든요. 요즈음은 목회자들이 자기 차도 갖고 있어요. 하지만 더 중요한 사실은 그들의 높은 도덕적 기준과 자녀들을 위한 수준 높은 교육관이라는 거에요.

선생님, 제가 다른 문화에 관해 이야기 할 때 깨닫게 된 중요한 사실이 한 가지 있어요. 이 쪽 문화에서 맞는 것이 저 쪽 문화에 가면 전혀 틀린 것이 될 수 있다는 거에요. 미국에서는 괜찮은 것이 한국이나 필리핀에 가면 전혀 안 괜찮은 것이 될 수 있는 거지요. 또한 필리핀에서는 맞는 일이 미국에 가면 전혀 틀린 일이 될 수 있고요. 예를 들면, 미국에서는 애완 동물을 기르고 비싸고 좋은 사료를 먹이잖아요. 아무래도 삶의 수준이 아시아와는 다르니까요. 그것이 경제적으로 풍요로운 삶을 사는 미국인들의 미덕이겠지요. 필리핀 사람들의 눈에는 애완 동물을 기르면서 비싼 사료를 먹이는 것이 옳지 않는 일이지요. 몇 주전에 주일 학교 교사와 이런 이야기를 나누었어요. 그 분이 미국에 갔을 때 미국 사람들이 개들을 마치 사람처럼 대하는 것을 보고 너무 놀랐다는 거에요. 필리핀에는 사람들이 먹을 음식조차도 넉넉치 않다고 생각한 그 분은 그것이 정말 옳지 않는 일이라고 느낀거죠.

선생님, 아시아에서는 많은 사람들이 개고기를 먹어요. 저도 먹고요. 선생님은 아마도 "개고기를 먹다니, 더 이상 나를 선생님이라고도, 엄마라고도 부르지 말게"라고 말씀하실 지도 모르지만요. 죄송해요, 선생님. 하지만 그건 우리 문화거든요. 그 문화가 미국에서는 옳지 않을 지 모르지만, 이곳에서는 괜찮거든요. 몇 가지 이유에서 우리는 개고기를 먹어요. 첫째로는 개고기는 아주 영양가가 높아요. 아픈 몸을 추스려야 하는 사람, 특히나 병원에서 퇴원하는 환자에게는 아주 좋아요. 필리핀 사람들도 역시 개고기를 즐겨 먹어요.

선생님도 한국에 계셨을 때, 여러 가지 관습들을 배우셨지요? 아마 이상하게 생각 된 부분들도 많았을 거에요. 한국 사람들도 미국의 관습을 이상하다고 생각하는 사람들도 있어요. 저는 이렇게 생각해요. '우리에게 익숙하지 않은 것은 언제나 이상하게 보인다.'라고요.

12. 오가는 우정

이 장은 두 가지 내용으로 되어 있다. 김 목사는 그 한 가지를 이렇게 말하고 있다. "선생님, 저의 아주 특별한 친구들에 대해 말씀 드리고 싶어요. 제가 한국 나사렛대학에서 만난 친구들이에요. 그 친구들을 통하여 제 인생의 변화를 경험하게 되었어요."

그는 마닐라에서 만난 그의 "특별한 친구들"에 대해서도 마찬가지의 생각을 하고 있었고 그 친구들도 김 목사 부부와의 우정을 소중히 여기고 있었다. 김 목사가 한국에서 그리고 필리핀에서 만난 미국 친구들도 김 목사 부부와의 만남에 대해 이야기 하였으며, 그의 승리의 삶, 그리고 오가는 우정에 대해서도 이야기 나누었다. 이것이 이 장의 두 번째 내용이다.

"저는 한국 나사렛 대학에서 패치 학장님 부부를 만났어요. 빌 패치(백위열) 박사님은 우리 학교의 총장님이시고 게일 패치(백경희) 사모님은 영어 강의를 하세요. 그 분들은 저희 부부를 위해 정말 여러 모로 도와 주셨어요. 패치 사모님은 저희들에게 영어 이름을 지어 주셨어요. 패치 총장님은 저희 결혼식 주례도 맡아 주셨어요. 결혼 전에도 저희들을 도와 주셨지요. 결혼 후에는 패치 사모님께서 아내에게 가족 계획에 대한 조언까지 해주셨어요. 재미있는 일이지요? 그 두 분은 저희의 좋은 친구이며 영적인 부모님이세요. 한국사회에서는 친구도 되고 부모님도 되는 것이 어렵지만, 미국인들과는 가능한 일이지요."

게일 패치는 이에 대해 이렇게 말했다. "나는 두 사람의 영어 이름을 지어 주었다. 두 사람 다 내 특별 영어수업을 들었는데, 학생들 모두가 성경 이름을 갖고 있었다. 나는 김 목사에게 스데반(Stephen)이라는 이름을 지어 주었다. 왜냐하면 김 목사도 스데반처럼 고통을 많이 겪었고 성령에 가득 찬 젊은이였기 때문이다. 임향숙 선교사에게는 한국의 이름인 '향숙'이라는 이름의 뜻과 같은 의미로, 은혜라는 뜻을 가진 그레이스(Grace)라고 지어 주었다. 마닐라 APNTS에 가면 학생들이 모두 영어 이름을 지어 부른다."

1990년, 패치부부는 김 목사가 눈 검사를 받으러 한국에 들어 갔을 때 그를 만나러 갔다. 의사들은 별 희망이 없다고 했다. 게일 패치는 그 때를 이렇게 회상했다. "김 목사는 포옹을 해 달라고 했다. 다른 곳도 아닌 맥 도날드 한가운데서 말이다. 미국에서였다면 별 다른 문제가 없었겠지만 미국이 아닌 한국에서 말이다. 그리고 우리는 두 손을 잡고 함께 기도 드렸다. 하나님께서 이 어려운 시간 동안 함께 하시고 지켜 주시기를, 하나님께서 김 목사가 계속 필리핀에서 사역할 수 있게 도우시기를 기도했다. 또한 그가 용기를 잃지 않게 기도 드렸다. 한국 친구들은 김 목사에게 이렇게 말할 것을 권고했다고 한다. "할렐루야, 주님이 고통 받으셨던 것처럼 저도 고통을 받고 있으니 감사합니다." 하지만 우리 부부는 그에게 고통 받고 있는 것을 감사한다고 말할 필요는 없다고 말했다. 하나님께서는 우리를 위해 고통 받으신 것을 기억하고 기뻐하기를 원하실 뿐이라고."

게일 패치는 계속해서 이야기했다. "김 목사는 그의 삶에 특별한 기름 부으심을 받았다. 예배에 대한 열정이 있었다. 선교와 장애인들에 대한 사랑이 있었다. 그는 타 문화권에서의 사역에 대한 부르심을 받았다고 느꼈고 바기오뿐 아니라 마닐라 빈민 지역에, 필리핀 산지에 복음의 불꽃을 피웠다. 신약 성경의 스데반과 마찬가지로, 김 목사는 '은혜와 권능으로 충만하여 큰 기사와 표적을 민간에 행한자' 였다."

1983년, 김 목사 부부는 케네스 피어설 부부를 만났다. 피어설 박사는 당시 나사렛대학의 임시 총장이었다. 김 목사는 그들에 대해 이렇게 얘기했다. "우리는 그 분들을 진심으로 사랑했습니다. 그리고 그 분들도 저희들을 사랑해 주셨어요. 그 분들은 저희의 영적인 부모님이세요. 바기오에 지진이 일어난 후 그 분들에게서 몇 통의 편지를 받았어요. 그 분들의 편지는 정말 따뜻한 마음이 가득해요. 편지에 이렇게 적으셨어요. '김 목사, 우리가 음식도 가져다 주고 보살펴 줄 수 있는 가까운 거리에 살고 있으면 얼마나 좋았을까 싶어 참으로 안타까워했네.' 우리는 그 분들이 우리를 위해 진심으로 기도하고 계시다는 걸 알았고, 우리도 그 분들을 위해 기도했어요.

"저희가 필리핀으로 온 후에, 피어설 박사 부부께서 목회자 모임을 주최하시기 위해 오셨어요. 피어설 박사님은 페어뱅크스 학장님께 제가 APNTS 학보 편집장이라고 소개해 주셨어요. 편집장을 2년간 맡았었거든요."

"피어설 박사님은 미국으로 돌아 가셔서, 남파 대학 교회에서 전도 봉사팀 (work and witness team)을 보내 주셔서 APNTS 기숙사를 지을 수 있었어요. 저희 바기오 교회에도 찬송가 82권을 보내주셨지요."

김 목사는 피어설 부부와는 너무나 많은 아름다운 이야기거리가 있다고 했다. 케네스 피어설 박사와 그 중 한 가지 이야기를 나누었다.

“하루는 목포에 내려가기로 되어 있는데 담당 통역자가 사정이 생겨 함께 내려 갈 수 없다는 연락을 받았다. 그러자 김 목사는 나와 동반하여 기꺼이 내 ‘입’이 되어 주기로 했다. 덕분에 그는 고향에 있는 가족들도 만날 수 있었다.”

“김 목사는 자신이 작곡한 하모니카 곡들을 아름답게 연주하였고 덕분에 목포로 내려 가는 길은 정말 기분이 좋은 시간이 되었다. 부모님과 형제들을 만나 기뻐하는 모습도 내게는 정말 끈끈한 가족애를 볼 수 있는 시간이 되었다. 나와 함께 노래하는 그의 목소리를 들으며, 또 강조하는 음에서는 손과 팔로 포인트를 주는 모습을 보는 것도 참 즐거웠다. 나 역시 손으로 허공을 찍기도 하고 내려 치기도 하면서 흥겹게 박자를 맞추었다. 언어의 장벽을 허무는, 마치 핏줄 관계와 같은 정신 세계가 통하는 것 같은 느낌을 받았다.”

“그를 잘 아는 다른 사람들에게서 들을 수 있지만, 김 목사의 신앙 생활은 정말 진실하였다. 그가 미소를 지으며 말을 하면, 젊은 청년들은 어느새 그의 주변에 모여 들었다.”

“물론, 김 목사가 최근에 신체적으로 얼마나 고통을 겪었는지 잘 알고 있다. 그러한 고통과, 시력적 결점, 그리고 증가

하는 재정적 고충에도 불구하고, 김 목사는 그의 삶 속에 하나님이 충분하심을 분명히 간증하였다. 그는 고요한 기도의 예를 잘 보여주고 있다."

"선생님, 선생님과 제가 나사렛대학에서 어떻게 만났는지, 어떻게 가까운 친구 관계가 되었는지에 대해서는 말씀 드리지 않아도 잘 아시지요. 어떻게 제가 지금 선생님을 엄마라고 부를 수 있게 되었는지 말이에요. 한 가지 기억에 남는 것은 1983년 제주도로 졸업여행을 갔을 때에요. 패치 총장님은 선생님께서 우리와 함께 동행할 거라고 말씀해 주셨어요. 선생님은 젊은 우리들보다 나이가 많으셨기에 함께 모시고 갈 수 있을까 걱정이 좀 되었어요."

"우리는 패치 총장님께 여쭈어 보았어요. '만약에 선생님이 여행을 힘들어 하시거나 우리를 잘 못 따라 오시면요?' 하지만 제주도에서 어떤 일이 일어났는지 기억나세요? 우리가 어디로 움직이든, 제일 먼저 도착하시는 건 바로 선생님이셨어요. 우리들 중 누구보다도 선생님께서 제일 강인하셨지요. 우리들은 선생님이 얼마나 건강하신지를 보고 정말 감탄을 했었지요."

김 목사는 한국과 필리핀에서 만난 다른 선교사들과의 소중한 우정에 대해서도 이야기 했다. 그들도 역시 그 우정을 소중히 여기고 있었다. 그들 중엔 이렇게 말한 사람도 있다.

팀 머서의 말이다. "국제 학생 선교 선발대(international student mission corps) [현재는 청년 선교 (youth in mission)라 칭함]에서 여름 사역 훈련을 위해, 한국 나사렛대학에서는 교수들의 추천으로 네 명의 한국 학생들을 선발해서 미국학생들과 함께 합류시켰다. 그 중에 한 명은 김 성갑 목사였다. 그의 열정, 정신, 그리고 활동적인 참여는 팀의 사역에 활기를 더해 주었다. 김 목사는 몇 주간의 훈련이 끝난 뒤에 이렇게 간증했다. "저는 이번 훈련에 참석하기 전에는, 하나님께서 저를 다시 걸을 수 있게 일으켜 주신 것이 엄청난 기적이었다고 생각했었습니다. 하지만 지금은 제가 구원 받았음이 그 보다 훨씬 더 큰 기적이라는 사실을 깨닫게 되었습니다!" 한국 나사렛대학과 APNTS 두 학교에서 김 목사를 잘 알고 지냈던 로이 스털츠는 또한 이렇게 말했다. "김 목사는 무엇을 하든 지 끝까지 살아 남았다. 그는 여러 가지 신체적인 어려움들을 극복했을 뿐 아니라, 오히려 그 기회들을 영적 성장을 위한 발돋움으로 사용했다. 그런 어려움들은 그가 구약학 전공 박사과정을 시작하고 전임 목회자가 되는 데에 장애물이 되지 않았다."

"그는 언제나 열정에 넘쳤고, 열심이었고, 부지런했다. 그는 과 APNTS 두 학교에서 모두 리더의 역할을 맡았다. 언제나 우수한 학생이었던 김 목사는 영어를 배우는 데도 성공적으로 잘 해내었다. 작년에 APNTS 채플에서 즉흥적인 설교를 한 적이 있었는데 그 때도 참 잘 해냈다. 필리핀에서의 사역은 그가 타 문화간의 일을 성사시키는 능력을 닦을 수 있는 기회를 만들어 주었다. 게다가 그는 외국인들과도 좋은 관계를 만들 수 있는 능력도 있었다.

"나는 김 목사에 대해 꽤 많이 알고 있다. 그런데 한 가지 내가 알지 못하는 사실은 도대체 잠 잘 시간은 있는 지이다. 나는 그가 쉬지도 않고 계속해서 활동하는 모습만 보기 때문이다!"

앞서서 조지 렌치와 김 목사와의 관계에 대해 적었고, 또한 용기를 북돋고 도움의 의지가 가득한 그의 편지도 보았다. 덧붙여 렌치는 이렇게 적었다. "나는 진심으로 김 목사에 대해 감사하게 생각한다. 그리고 바기오 제일 교회에서 뛰어난 목회자로 그 역할을 다하고 있다고 믿는다. 그는 극도로 어려운 상황에서도 매우 신실하고 효과적으로 교회를 섬겨 오고 있다."

APNTS의 학장이었던 페어뱅크스박사는 이렇게 말하고 있다. "APNTS의 학장으로 선출된 직후, 아주 환한 미소를 머금고 힘찬 손으로 악수를 청한 한 젊은이를 만났다. 그는 나에게 자신을 이렇게 소개했다. '저는 한국에서 온 김 성갑입니다. 미국 사람들은 저를 스데반이라고 부르지요.' 그는 자신이 어느 나라에서 왔는지 힘을 주어 말하고 있었다!"

"김 목사 부부는 캠퍼스에 새로이 단장을 한 기숙사로 들어가서 살게 되었다. 김 목사는 새로 이사간 기숙사에서 강의실이 있는 건물까지 절룩거리는 다리로 무려 35개 이상의 계단을 오르내려야 했지만, 한번도 불평을 한 적이 없다. 그는 자신들이 살게 된 '아름다운' 시설에 대해 감사하는 마음만 표현할 뿐이었다."

"내 아내와 나는 생후 9개월 된 한국 아이를 입양했었다. 자신의 나라와 역사를 너무나도 자랑스럽게 여겼던 김 목사, 스데반 김은 우리 아들인 스데반(우연히도 우리 아들의 이름 역시 스데반이다)에게 한국말과 문화를 가르쳐 주었다."

미국 마운트 버논 나사렛 대학에서 집무하고 있던 페어뱅크스 박사는 몇 년 전 APNTS에서 보냈던 시간들을 회상하며 이렇게 적어 왔다. "나는 김 목사에게서 자신이 직접 만든 부활절 축하 카드 한 장을 받았다. 정말 아름다운 카드였다. 바기오 교회 앞에서 그의 가족들과 함께 찍은 사진도 들어 있었다. 카드에는 최근에 교회에서 열었던 부흥회에 대해서도 적었다. 김 목사는 자신의 카드 인사말을 이런 말로 마쳤다. "제 오른 발의 통증은 기도를 통해 많이 치유 받았습니다. 하지만 제 눈은…. 아직도 찢어지는 아픔입니다!" 마지막 줄에는 이렇게 적었다. "하나님의 한 팔로부터…"

짐 에드린 박사 역시 김 목사와의 가까운 우정에 대해 이야기 했다. "김 목사는 우리 가정에 적지 않은 영향을 주었다. 나는 그를 통해 예수님을 보았기에 예전 보다 예수님을 더 잘 알게 된 것처럼 느껴졌다. 그는 나와는 다른 문화를 갖고 있지만, 분명히 그리스도의 모습을 풍기고 있었다. 성경에 나오는 그리스도의 모습 말이다."

"김 목사가 내게 준 가장 큰 영향은 그는 끊임없이 그의 삶 속에서 예수님을 발견하면서 살았다는 사실이다. 그는 언제나 하나님과 영적의 삶에 대해 아주 편안하게 이야기했다. 그는 언제나 변함없이 말과 행동으로 하나님을 찬양하였다. 그렇게 끊임없는 찬양하는 삶의 태도는 자신의 믿음을 표현하고 또한 믿음을 자라게 하기 위한 본인의 의도적인 노력이었다고 본다. 뇌종양 수술을 받았던 어둠의 시기에도 그러한 그의 삶의 태도는 변함이 없었다."

"어쩐지 나는 김 목사도, 예수님과 같이, 다른 사람들의 구원을 위해 자신을 던질 수 있는 사람이라는 생각이 든다. 물론, 그가 살아야 할 이유들이 더 많겠지만, 그보다 더 위대한 일이 있다면 그것을 위해서 기꺼이 목숨을 받칠 수 있는 사람이라고 믿는다."

13. 마지막 이야기들

김 목사는 자신의 삶에 대해 이야기 할 때 자신에게는 여러 가지 삶이 있다고 말 한 적이 몇 번 있다. 그는 그것들을 '네 가지의 다른 삶'이라고 했다.

"저의 첫 번째 삶은 소아마비를 앓기 전까지인 세 살 때까지로, 정상적인 아이로서의 삶이에요. 두 번째 삶은 절름발이로서의 삶이에요. 세 번째 삶은 장애인으로서의 삶이지요. 그리고 네 번째 삶은 뇌 수술을 받은 날부터 에요."

그는 지금 그의 다섯 번째 삶을 살고 있다. 그가 페어뱅크스에게 쓴 편지의 소원 중에 일부분이 이루어졌다. "예전처럼 아무런 육체적 고통 없이 정상적인 두 눈으로 다시 만나 뵙고 싶습니다." 그는 이제 걸음도 원하는 만큼 빠르게 걸을 수 있고, 두 눈의 시력도 2.0이고, 어떤 고통으로부터도 완전 자유이다. 그는 그 어느 때보다 주님께 가까이 있다. 왜냐하면 1991년 1월 21일에 주님 곁으로 떠났기 때문이다. 첫 번째 것 보다 훨씬 커지고 깊어졌던 두 번째 뇌 종양은 그를 천국으로 데려갔다.

그의 시, "내 은혜가 네게 족하다" 에서의 그의 표현은 그의 네 번째 삶과 다섯 번 째 삶에 거의 들어 맞는다.

그러나 고통의 저편에 빛을 볼 수 있지요 청명한 바다만을 바라봅니다 아름다운 빨간 장미 향기를 맡으며 희망찬 세계가 내 손에 있지요

"저는 지금까지 이 땅에서 그렇게 오래 살지는 못했지만 그래도 하나님께서 저에게 앞으로 오래 오래, 아주 오랫동안 살수 있게 해 주셨습니다." 김 성갑 목사는 이것이 그렇게 젊은 나이에 전기를 쓰는 이유가 뭔 지 묻는 자들에게 대답이 될 거라고 했다. 그의 28년 인생은 정말 많은 기쁨과 고통으로 채워졌었다. 이제, 앞으로도 계속될 28년의 인생은 기쁨으로만 가득 차게 될 것이다.

김 목사의 시 "캔버스"는 그런 고통들과 하나님의 치유만을 묘사하고 있지 않고 지금도 누리고 있을 영원의 삶을 예언하고 있다.

캔버스

지난날 나의 캔버스는
어두웠지요

식물인간의 존재
양말의 무게도 감당할 수 없는
오른 발을 어찌 할 수 없어
항상 목발을 짚고
단 하루 만이라도
이 고통을 옮겨 주소서
나의 아내는 간구합니다

또 하나의 기적
네 개의 삶 가운데
내 꿈속에서
내 형님 엘리야 김은
그의 손을 얹고
날 위해 기도하네
고통은 떠나지 않고
그 고통을 감당하네

아내는 내게 물었네
어디에 있었느냐고
당신이 진정 스데반이냐고
나의 손을 잡으며

뜨거운 눈물로 믿기 어려워서
내 마음 다해 그녀를 안아보네

네! 주님이 당신의 눈을 고치실 거예요
아주 간단하게
어느 날 아침에
평화로운 산처럼
당신은 서있을 거예요
건강한 눈으로

나의 캔버스에
분홍색이 깃들입니다
내 꿈은 끝나지 않을 것입니다
나는 만족 합니다
이 하루와 함께
걱정하지 않아도 되지요
내일에 관하여
그분이 나를 가능케 하실 것입니다
또 하루를 살 수 있도록
그렇기 때문에
삶의 한 순간도 소중 합니다

그래서 난 미소 짓지요

내 캔버스에 그림이 그려집니다
계속해서
어둠의 색이 멈추고
밝은 색으로
캔버스 가득히 채워집니다

이 날의 끝에
내가 서있습니다
또 다른 캔버스에
그림을 그리기 위해서

김 목사, 자네 말대로 이 캔버스는 이제 그냥 자네가 즐겨 그리던 풍경이 아니고 움직이지 못하는 삶이 아닐세. 자네는 이제 천국 주재 예술가로서 영혼의 붓을 들고 "또 다른 캔버스"인 영원하신 영광을 그리게나…' 이 책은 김 목사의 믿음, 사랑, 헌신된 봉사라는 아름다운 색으로 칠한 이 땅에서의 캔버스이다. 그 이야기들이 우리에게 영감을 주고 더욱 더 훌륭한 삶을 살 수 있도록 도전이 되기를 기도한다….

에필로그

1991년 1월 고 김성갑 선교사는30대 초반의 젊은 나이로 당시 7개월된 아들 바울과 5세된 딸 혜진 그리고 믿음이 어리기만 하던 나를 선교의 현장에 남겨둔채 하나님의 품으로 떠났다.

우리는 그의 소원대로 그의 사랑하는 성도들과 세상을 떠나기전까지 혼신을 다해 기쁨으로 사역하던 교회가 있는 필리핀 바귀오시의 한 공원 묘지에 쉼터를 준비했다. 그의 천국입성 예배때 우리 교회 청년들은 강단의 휘장위에 "이는 내게 사는 것이 그리스도니 죽는 것도 유익함이니라" (빌1:21) 는 말씀을 선명하게 새겨놓았다.

1984년 4월 남편과 필리핀에 도착하여 함께 사역하였고 8년 후인 91년 부터 현재까지 단독으로 사역하고 있다. 하나님은 고아의 아버지요 과부의 재판장이 되어주신다는

약속의 말씀대로 나와 두자녀의 삶속에 함께 해주셨다.

그가 떠난 침상에서 그가 마지막으로 남기고 간 영문으로 씌여진 한장의 유서를 발견했다.

COMMITMENT헌신

BY STEPHEN KIM(김성갑)

I am changed 나는 변화되었습니다

The ministry will be different 사역이 달라질 것입니다

I am awakened 나는 깨어났습니다

The Church will bear fruits 교회가 열매들을 맺을 것입니다

I am greatly challenged 나는 큰 도전을 받았습니다

The people will share the benefits 사람들은 유익을 나눌 것입니다

I am corrected 나는 고침 받았습니다

My life will be of a true servant of God 내삶은 신실한 하나님의 종이 될 것입니다

I am committing my whole being 나는 나의 전 자아를 헌신합니다

To present myself without shames before God 하나님께 내자신을 흠 없이 바칩니다

I tested something beyond 나는 어떤 것 그 이상을 검증했습니다

I grasped the reality of shepheredship 나는 목자의 실체를 깨달았습니다

I encountered the Father Heart of God 나는 하나님 아버지의 마음을 만났습니다

I repented, repented, repented 나는 회개하고,회개하고, 회개했습니다

I celebrate the hope God has given to me 나는 하나님께서 내게 주신 소망으로 기뻐합니다

I am ready to go!!! 나는 떠날 준비가 되었습니다!!!

김성갑, 임향숙, 혜진, 바울(정현) - 1990년 크리스마스에
김 목사는 1991년 1월 21일에 소천하였다.

포토갤러리

포토갤러리

기쁨의 삶

김성갑 선교사의 인생

1판 1쇄 인쇄　2008년 3월 6일
1판 1쇄 발행　2008년 3월 10일

지은이　애나 벨 라프바움지
옮긴이　김연범
펴낸이　김영백
펴낸곳　물가에심은나무
등　록　제20 - 270호
주　소　서울 양천구 목3동 600-7
전　화　(02)2643-6488
팩　스　(02)2653-3223

표지디자인　김혜진(고 김성갑 목사 장녀)

ISBN 978-89-91461-079　03230